企业员工培训手册：成为不可替代的员工

王晓刚◎编著

中华工商联合出版社

前言

区块链、5G、产业互联网……从来没有哪一个时代，知识与技术的进步有当今这么快。在这个强调知识创造财富的时代，无论是企业还是员工，对于自身发展的渴求都越来越强烈了。作为人力资源的管理和一切的有机组成部分，员工培训在适应环境、科技与知识的快速变化中，显示了无与伦比的魅力。企业迫切希望通过培训来提高员工的素质与能力，以便更好地适应企业未来的发展，员工则希望通过培训提高自我的职业能力。可以说，员工培训是打造企业活力的道路，也是塑造员工自我职业竞争力的源泉。

国内有些运行良好的企业，其经营者认为没有必要花费人力物力去培训员工。这种现象在民营企业中尤为突出。事实上，企业的持续发展离不开培训，企业目前的经营状况良好，并不意味着将来经营状况也好。市场竞争的激烈与残酷，令多少昨日的新贵成为明日黄花！

而另一些运行不畅的企业，其经营者也不愿意从有限的资源中花费人力物力去培训员工。这种做法表面上看似乎也有一定的道理，深究起来则不然。其实，对员工的培训也是一种扭亏为盈的重要手段。运行不畅的企业若不重视培训，避免不了掉入“不培训——经营不好——更不培训——经营更不好”的恶性循环，直至破产。要打破这个恶性循环，一定要从培训入手。只有通过不断提高员工的知识、技能及状态，企业实现扭亏为盈才有可能。

当然，我们也应看到，国内有不少企业开始改变过去那种认为培训员工是浪费金钱的想法，把员工培训当成一种关系到企业生存与发展的必要投资，这是一种可喜的、进步的现象。他们虽然也开设了许多培训课程，让各级员工利用工作或业余时间来学习新的知识与技术，但到头来却往往会有一些培训活动达不到预期效果。这样既浪费了企业的人力物力，又浪费了员工的时间和精力，对企业的正常运行起到了负面作用。

员工培训是一门系统的知识，它涉及企业的方方面面。其中培训需求分析、培训设计与准备、培训的内容与方法、培训系统的建立、培训管理工作的落实、培训评估等一系列问题，都需要企业在培训员工时做到尽善尽美。只有这样，企业对员工的培训才能落到实处，发挥最大的效用。

本书系针对国内企业对员工培训的现状“量身定做”。文中没有花大量篇幅去讲解员工培训的理论，而是将笔墨集中在适用性与操作性上。作者在编写此书期间，参阅了大量当今员工培训的先进思想与理念，在实用的基础上，力求做到观点新、思想活，以全新的视野，奉献给渴望学习的企业经营者、管理者。

目　录

第三章
有备而为之，做好培训准备

第四章
培训的内容与方法

第五章
新兴技术在培训中的应用

第六章 建立培训系统

第七章 落实培训管理工作

第八章 用评估提升培训效率

第九章
向知名企业学习培训之道

第十章
企业推行培训的难点及解决方法

CHAPTER 01

第一章

要成为人才，用业绩说话

有人说，假如你非常热爱工作，那你的生活就是天堂；假如你非常讨厌工作，那你的生活就是地狱。因为在你的生活中，大部分的时间是和工作联系在一起的。不是工作需要人，而是任何一个人都需要工作。你对工作的态度决定了你对人生的态度，你在工作中的表现决定了你在人生中的表现，你在工作中的成就决定了你人生中的成就。

业绩需要行动来争取

凡是成功者，背后都蕴藏着各自的故事，这些故事无不演绎着这样一个道理：辛勤耕耘，必有收获。

许多成功人士拥有如此的成就，是与他们的辛苦实干分不开的，他们的每一份收获，都凝聚着他们的努力与汗水。

巴那德与吉米在8月份的大热天到亚拉巴马州的丘陵地开车。他们口渴了，因此巴那德找到一处废弃的农舍，碰巧院子里有吸筒。他跳出汽车，跑到吸筒那里，抓起手柄就开始打水。

打了一两下以后，巴那德指着一只旧木桶，要吉米到附近溪里取一点水来灌吸筒。因为所有打水的人都知道，必须在吸筒的上面加一点水来装填吸筒，打水时水才会顺利流出。

这里的8月天相当热，巴那德打了几分钟以后，满头大汗。此时他开始问自己，为了得到水到底该做多少工作才划算。他关心他所花费的努力能换回多少报酬。过了一会儿，他说："吉米，我不相信这口井有水。"吉米回答："会有的，巴那德，亚拉巴马州的井都是深井。深井都有清洁、甘甜、纯净的水。"

巴那德已经疲倦得浑身发热，他停住了手说："吉米，这口井没有水。"吉米很快地跑过来，抓住吸筒的柄继续打水，说道："现在不要停，巴那德，如果你一停止，水将往下倒流回去，那你就要从头开始。"

最后，他们终于喝到了甘甜的井水。

其实，在工作中也是如此，许多人渴望拥有良好的业绩，以此获得升职加薪的机会，却不想付出劳动，须知，天下没有白吃的午餐，努力拼搏的人才能成功。

行动才有可能成功，只会空想的人终会一事无成。下面的例子有着异曲同工之处。

在一次行动力研习会上，主讲师做了一个活动。他说：“现在我请各位一起来做一个游戏，大家必须用心投入，并且采取行动。”他从钱包里掏出一张面值100元的人民币，说：“现在有谁愿意拿50元来换这张100元人民币。”他说了几次，但很久没有人行动，最后终于有一个人跑向讲台，但仍然用一种怀疑的眼光看着老师和那张人民币，不敢行动。那位主讲师提醒说：“要配合，要参与，要行动。”他才采取行动，终于换回了那100元。他顷刻赚了50元。

最后，主讲师说：“凡事马上行动，立刻行动，你的人生才会不一样。”

行动能使人走向成功，似乎人人都知道，但当人们面临行动时，往往就会犹豫不决，畏缩不前。“语言的巨人，行动的矮子”不在少数。

人们害怕行动，大多由于心态的原因，一行动就想到失败。这种恐惧心理会摧毁我们的自信，关闭我们的潜能，束缚我们的手脚。

许多人喜欢把难事往后拖，迟迟未动手解决，这主要是基于两个方面：第一，不知道如何解决难题；第二，没有信心解决，对难题产生畏惧心理。所以面对难题时，许多人采取的方法都是一拖再拖。其实，“拖”是最糟糕的方法，因为它只会令难题越来越棘手，越来越难以解决，最后发展到不可收拾的地步。

在人的一生中，充满着各种憧憬、理想、愿望和计划，如果我们在抓住它们的时候，都能马上付诸实践，那真不知我们的事业会何等伟大了。只可惜，我们的许多计划都沦为空谈，许多机会都化为泡影。拖延使满腔的热情冷淡，使美好的幻想最终破灭。

行动不一定成功，但是不行动一定不会成功。职场中那些事业有成之人都有一个共同的特点，那就是：行动，立即行动。很多人都有一个坏习惯，非得算计到“万无一失”，才开始行动。其实，这是懒惰的表现。周密的计划自然不可缺少，但把没有周密的计划作为不去行动的借口，是可悲的。目标是对未来的设计，肯定有许多把握不准的因素，目标真的适合自己吗？其可行性如何？只有行动才是最好的检验。所以，还是先行动起来。

“行动具有激励的作用，行动是对付懒惰的良方。”

只有行动才能改变自己，只有行动才能改变生活态度。因此，最聪明的做法就是勇往直前，去实现自己的梦想。想做什么就去做，然后再考虑完善自我或完善目标。只要行动起来，生活就会出现奇迹。

细分工作，获益无穷

假如你把工作分得很好，那只需要几分钟的时间就能完成一个细节或一个部分。你会发觉完成工作的速度，超出了你预计的速度很多，你也会发觉，这样比你原来所想象的容易得多了。假如你觉得工作很复杂，那就把它分开去做。尽量地分开它，直到你了解它的组成为止。假如你一点儿一点儿去做，你会做得更多。

一个善于细分自己工作的人，有一个最大的好处是防止做无用功。

1. 分析你必须要做的每件事情

拿一张纸，在中间画一条线，一边列上你必须完成工作的所有理由，另一边列上所有你要拖延的理由。记住要列上所有你能想到的，然后再比较一下两边的理由。

假如这件工作真的很重要，你就会发现要完成它的理由比要拖延它的理由多得多。你只要把这些理由写在纸上，它们会给你一个开始工作的好动机。

假如你发现要拖延的理由比较多，把这件工作放弃，去做别的工作好了。假如你一直在做一件工作，而且它会使你感到忧虑，具有一种挫折感，这样你又想拖下去。若不是真有一个好理由让你继续做下去，那就别做这件事了。

假如是别人交给你的工作，即使你不想做，也最好去做它。但假如你发觉真的无法去做，那就干脆告知别人你不做。你可以辞职不干，或结束与某一个人的关系。因此，如果你真正地分析了你要做的工作之后，你就知道该怎么去做了。你也会发觉，人有时要做个正确的选择并不太难。

一旦分析了自己的工作，就仔细地研究它。因为你越了解你的工作，你就越容易去完成它。

如果你对工作一无所知，就会对它漠不关心，而漠不关心正是导致拖延的先头部队。如果你对自己必须做的工作多加认识，你就可以克服它。

全身心投入你的工作吧，假如它值得你去做，它也就值得你去研究。假如你不清楚某些具体情况，就多加观察，收集更多的资料，这也可以当作一种准备工作。它会给你一股力量去开始工作。你对自己的工作知道得越多，就越有兴趣。运用这些新的知识，你就会觉得很容易而且可以更快地完成。把你的知识与别人分享，让他们也投入这个工作。他们不但会激起你工作的热忱，而且还会支持你努力工作。

2. 将你的工作细化

有时候要完成一件复杂、沉重的工作并不容易，但有个办法可以削减它的分量，使你比较容易去完成它。

假如你觉得工作很复杂，那就把它分开去做。在你逐步做完这些细分的工作之后，你会有更多的热忱来加快完成工作的速度，而且你能从这里获得更大的满足。但假如你走到了一个死巷子里，就别再走下去。你可以先做别的部分，直到这个障碍消除后再去做。当你往别处想，做别的部分时，你的心智就有一个休息的机会。等你再回头去做时，你可能已经有了解决的办法。但假如你一直坐在那儿等，你可能一直被忧虑所困扰，而觉得束手无策，或者如果你硬是往前钻，也许会四处碰壁。

细分你的工作，这种办法对那些不太令人愉快的工作尤其有效。假如一个人必须做一件他不喜欢的工作，几乎每个人都可以做上短短的一段时间。因此，把困难的工作分解成细小的部分，然后把它们安排在你喜欢做的工作空当之中。虽然这样需要多点时间去做，但当你完成之时，你一定会很高兴。

3. 善于组织与计划

一开始，就先订立一个长期的计划和目标。这个目标是你的一种理想与期望，并没有固定的完成期限。这是个总的计划，然后你可以依次分化出一些小目标。

每一个小目标，便是你在短期内要达成的计划。例如，你决定要在三周内减掉7公斤，这就是个小计划。一个好的计划必须是可以估量的，这样你才能知道自己是否有能力完成。

每天都订个计划，早晨或晚上都可以，然后做一张核对表，把你要达到的目标、应该做的事写上去，列好优先顺序，这样你就很清楚该先做哪件事情了。

每天晚上花点时间想想，你表上的工作做得如何了。把你今天所得的经验当作明天计划的参考。如有多余的时间，则用来做些特别的工作。假如你时间不多，则把工作计划的期限拉得长一点。要让自己不时期待着进步，有一种自我实现之感。

但要当心计划的危险。约翰·卡那在他的《重塑自我》一书中说道："对于工作如何完成过于关切，也往往是个致命的病根，渐渐地，你的整个心灵就被那些方法、技巧、程序之类的问题所占据，反而忘了整个目标的追求。'工作如何完成'逐渐变得比'工作完成了没有'还要重要。"

正如卡那所预见的一样，你也许会掉进"过于关切工作如何完成"这个陷阱，而忘了你的目标到底是什么。

要忠于自己的目标，专注于你的目标，然后很快地完成，尽量走些捷径，把任何意外的工作都搁在一旁，心中想着如何把它完成，而不只是在做工作。

事实上，你花在计划上的时间越多，你完成工作所需的时间就越少，因为充分地了解一件工作，就等于已经完成了一半。

集中精力在重要事物上

你既然选定了目标，为什么不立刻去进行呢？既然打定了主意，就不应该再犹豫了。如果准备做律师，就专心致力于法律的研究，经过相当的时日，你的水平自然会逐渐提高，成为一位出色的律师。平时不要自己止步，不要以为我比别人强而感到满足。你必须随时研究，处处求进步。对于法律以外的学识，你尽可不问不闻，不要去摸摸仪器，去动动画笔或碰碰刀斧，你的目的只有一个，律师是你唯一的事业。你必须成为心怀正义、辩才很好的大律师，而不是成为一个样样都懂一点皮毛的“三脚猫”。

“时间一去不复来”，这是一句最好的警语，当你踏入社会时，应该把全部精力贯注到你的事业中。无论你的事业是务农、管理、经商……都不要让时间在无形中溜走。

歌德说：“你适宜站在哪里，就应该站在哪里。”这是警告你，不要东碰西撞了，依据你的个性爱好和能力，迅速决定你的事业，想好了立刻动手。

一个精干的青年经理，同时接到另外两个公司的聘请书，因为钦佩他的才干，聘请他去担任协助职务，可是他都回绝了。有些关心他的朋友，不明白他为什么不愿接受别家公司的聘请，他们认为他有能力胜任经理的工作。

他说：“我不愿意把精力分散，使各方面都受到损失。”

是的，一点也不错，一个人如果有了使精力渗漏出去的缝隙，这个人的成功，一定会受到若干程度的损失。所谓缝隙，就是“心神不定”，是成功的仇敌。

遇到困难，就愁眉不展，心灰意懒；碰到阻碍，就怀疑起来，想改做这样，改做那样，这种精力的漏洞，真不知使我们受到多大的损失，失去了我们辛辛苦苦积储的资本，结果是一无所成。

无论什么人，假使一开始就能善用他的精力，决定主意以后，立刻依着目标循序渐进，不使它分散，那么，他们就有成功的希望。然而，一些人偏不愿那样干，偏要东学一点，西学一点，因此把一生浪费了，什么事也做不成。

任凭你怎样聪明，任凭你怎样有天赋，也任凭你自以为有怎样了不起的本领，如果做事不能集中精力，不肯倾注全力，没有忍耐力，那么你的本领、天才、聪明，都将毫无用处。

你知道一个有经验的园艺家，为什么要把一棵植物的芽枝都剪除吗？

因为一棵植物的芽枝，可以吸收根部的养料，使它的精力不能集中在树干和果实上。若不这样做，在收获上的损失，不知要超过枝条的损失多少倍。

花匠也常把花蕾剪除掉，只留着一个或两个在枝条上。难道他所剪除的花蕾，不会开出美丽的花朵吗？不，不是这样的。他们的目的无非是让养料集中在一两个留下来的蓓蕾上，将来花朵开放的时候，便格外美丽，格外娇艳。

我们的生长，又何尝不是和花木一样呢？如果我们能集中精力在某一项事业中，那么，一定可以获得十分圆满的结果。

肯集中精力，埋头苦干的人，他们的前途一定非常光明。你不要妄想，以为一个人同时可以成就多种事业，无论怎样卓越的人，也绝不能做到！

世界上成千上万的失败者，并不是因为没有才能，也不是因为没有决心，而是由于不肯集中精力，由于他们在决定主意以后，不肯立刻动手去干。他们东碰西撞，这件试试，那件做做；他们既想学音乐，又想懂得点体育知识；同时又想干干地产事业，又希望做个实业家。这样还不够，又去研究一下法律，又写些文章去投稿，并且还做文艺著作者；同时，还准备做教师，而且还想成为诗人。他们并不觉悟，假使能打定主意，把精力集中在某一件事业，所获得的结果，会使他惊奇万分。

一个人有了一种专门的技巧，比有十种普通本领，不知要有用多少倍，因为他只注意一种技巧，在任何地方，都会在这方面下功夫。但是如果有了十种本领，他将忙不过来了，他的精力也不知如何支配了。事实上，一个人的精力是有限的，不可能面面俱到。

为公司赚钱是第一位

如果你想在竞争激烈的职场中有所发展，成为老板器重的人物，就必须牢记：为公司赚到钱才是最重要的。

作为员工，首先要考虑的就是你为公司赚了多少钱，高过你的薪水了吗？要知道，如果公司不赚钱，又怎么养活公司的每个员工，怎么去服务社会呢？每个公司都要求员工必须具备这样一个简单而重要的观念。

每个公司要产生利润，就必须依仗开源和节流。不直接与客户打交道的人最低限度也应成为节流高手。否则，浪费会使公司到手的利润大打折扣。

东京一家金融公司的总裁曾经告诉全体员工：所有的办公用纸必须要用完两面才能扔掉。这样一条规定在很多人眼里看来几乎不可思议，一定会以为这位老板肯定是一个无比吝啬的人，在一张纸上都要做文章。但是，这位老板这么解释道："我要让每一个员工都知道这样做可以减少公司的支出，尽管一张纸没有多少钱，但是却可以让每个员工养成节约成本的习惯，这样就能增加公司的利润。因此，这样做是十分重要的。"

千万不要认为一个公司只有生产人员和营销人员才能争取客户、增加产出为公司赚钱，公司所有的员工和部门都需要积极行动起来，为公司赚钱。

如果你十分明确自己对公司盈亏有义不容辞的责任，就会很自然地留意到身边的各种机会，而且只要积极行动就会有收获。

迈克是一家超级市场推销鸡蛋的店员，进入公司不久，就取得了不错的销售业绩，得到了老板的褒奖。他是这样做的——

在售奶柜台或饮料柜台前，顾客走过来要一杯麦乳混合饮料。

他总是微笑着对顾客说："先生，你愿意在饮料中加入1个还是2个鸡蛋吗？"

顾客："哦，1个就够了。"

这样就多卖出1个鸡蛋。（在麦乳饮料中加1个鸡蛋通常是要额外收钱的。）

让我们比较一下，上面那句话的作用有多大。

员工：“先生，你愿意在你的饮料中加1个鸡蛋吗？”

顾客：“哦，不，谢谢。”

可见，积极的行动和赚钱的责任感结合起来是多么重要！

千万不要以为只要做一个听老板话的职员就够了，你应该想方设法为公司创造价值，因为，公司请你来就是希望你能够为公司创造价值的。因此，无论你是开展工作，还是服务于老板，你都要把为公司创造利润作为最重要的目标。

少说多做，效益是关键

要想成为出色的员工，你一定要记住：少说多做，用业绩说话。

你也许会反驳：“既然人人要少说话，那么，说话术就不必细研究了。”其实不然，少说话固然是美德，但人们既然生活在现实社会中，只能“少说”而不是完全不说。既要说话，又要说得少，且说得好，这才是好口才。

首先，言多必失。说得越多，越显得平庸，说出蠢话或危险的话的概率就越大。

马西尔斯是古罗马时代一名战功赫赫的英雄，他以战神科里奥拉努斯之名而闻名于世。公元前454年，科里奥拉努斯打算竞选最高执政官来拓展自己的名望，从而进入政界。

在投票日来临的前夕，科里奥拉努斯在所有元老和贵族们的陪同下，走进了会议厅。当科里奥拉努斯发言时，内容绝大部分是说给那些陪他来的富人听的。他不但傲慢地宣称自己注定会当选，而且大肆吹嘘自己的战功。他甚至无理地指责对手，还说了一些讨好贵族的无聊笑话。

他的第二次演说迅速传遍了罗马，人们纷纷改变了投票意愿。

科里奥拉努斯败选之后，心怀不甘地重返战场，他发誓要报复那些反对他的平民百姓。

几个星期之后，元老院针对一批运抵罗马的物品是否免费发放给百姓这个议题进行投票，科里奥拉努斯参加了讨论，他发表意见，认为发放粮食会给城市带来不利影响，使得这一议题未能通过。接着他又谴责民主的要领，倡议取消平民代表，将统治权交还给贵族。

科里奥拉努斯的最新言论令平民们愤怒不已。人们成群结队地赶到元老院前，要求科里奥拉努斯出来与他们对质，却遭到了他的拒绝。于是全城爆发暴动，元老院迫于压力，终于投票赞成发放物品，但是老百姓仍然要求科里奥拉努斯公开道歉，才允许他重返战场。

于是科里奥拉努斯只好出现在群众面前，一开始他的发言缓慢而柔和，然而没过多久，就变得越来越粗鲁，甚至口出恶言侮辱民众！他说得越多，民众就越愤怒。他们的大声抗议，使他无法继续发言。护民官商议判处他死刑，命令治安长官立即拘捕他，送到塔匹亚岩顶端丢掷下去。后来在贵族的干预下，他被判决终生放逐。人们得知这一消息后，纷纷走上街头欢呼庆祝。

如果科里奥拉努斯不那么多言，也就不会冒犯民众；如果在败选后他仍能检讨选举失利的因素，其实他依然还有机会被推举为执政官。可惜他无法控制自己的言论，最终自食其果。

其次，不知内情，更不应该胡言乱语。

世界上没有十全十美的人，不可随随便便说人家的短处，或揭露别人的隐私。首先你要明白，你所知道关于别人的事情不见得可靠，也许另外还有许多苦衷并非是你所能明白的。你若贸然把听到的片面之言宣扬出去，不免颠倒是非，混淆黑白。而话说出去就收不回来，事后当你完全明白了真相时，你还能更正吗?

在当今社会中，人人都有发表意见的权利，该提出自己的看法时却不言语，只会默默地让自己的权益受到侵害，并非聪明之举。慎言是帮助你能在说话前三思，并非完全不说话；即使是想保护自己，发表意见时避免遭遇难堪，也该有一番说话智慧；该说的时候不说，不该说的时候又说了一大堆，都不是好的说话方法。所以，每一句在适当时机、对适当对象所说的好话，都是靠日积月累的经验，需要不断磨练，说话的智慧才会高人一等。

记得先学会少说话，说话前要三思，有了业绩再说话，这是学习把话说好的三个主要步骤。

树立“我比别人强”的自信

一个充满自信的员工不会畏惧任何困难的挑战，他们也是老板最赏识的员工。因为自信可以使他们完成那些看似不可能完成的任务，而不必老板事必躬亲。特别在老板不在的时候，他们对于公司的意义将更加凸显。与那些缺乏自信、畏首畏尾的人比起来，他们才是公司的脊梁。

什么是自信心？自信心就是相信目标一定能达成的一种心理状态。我们在工作或生活当中，总要越过险峻的高山，渡过茫茫的大海，而自信心就是登山的云梯、渡水的飞舟。人，只有自信，才能自强不息，才能为自己的目标而努力奋斗；只有自信，我们才能在艰辛的工作中保持必胜的信念，才能有勇气前进。人，如果缺乏自信心，就会放弃自己的目标，就会碌碌无为。人，如果缺乏保证完成任务的自信心，通向成功之路的航船就要在沙滩上搁浅，终身也托不起成功的巨轮。在现实当中，自信心是大力之神，它能使弱者变强，使强者变得更强。

自信心是抓住机会的重要素质。同样的机会，有自信心的人可以抓牢机会，驾驭机会，获得成功；没有自信心的人只能望洋兴叹，自愧弗如。凡是有自信心的人，都可表现出一种强烈的自我意识。这种自我意识使我们充满了激情、意志和战斗力，没有什么困难可以压倒人，我们的信条就是：我要赢！

具有坚强的意志和足够的自信往往使得平凡的人也能够成就神奇的事业，成就那些虽然天分高、能力强却疑虑过多的人所不敢尝试的事业。

1900年7月，德国精神病学专家林德曼独自驾着一叶小舟驶进了波涛汹涌的大西洋，他在进行一次历史上从未有过的心理学实验，他要验证一下自信的力量。

林德曼认为，一个人只要对自己抱有信心，就能保持精神和机体的健康。当时，德国举国上下都关注着独舟横渡大西洋的悲壮冒险，因为已经有一百多位勇士相继驾舟均遭失败，无人生还。林德曼推断，这些遇难者首先不是从生理上败下来的，主要是死于精神崩溃、恐慌与绝望，所以他决定亲自驾舟，验证自己的推断。

在航行中，林德曼遇到了常人难以想象的困难，多次面临死亡，有时真有绝望之感。但只要这个念头一升起，他马上就大声自责：懦夫，你想重蹈覆辙，葬身海底吗？不，我一定能成功！在经历千辛万苦之后，终于，他胜利渡过了大西洋，成为第一位独舟横越大西洋的勇士。

只要你有信心，你就能够做到一切。实际上，每一个问题都隐含着解决的种子，它强调了一项重要的事实，那便是每一个问题都自有解决之道。

人的能力与个人的意志有很大的关系。没有人天生自信，自信心是由志向、经验、日积月累的成功哺育而成的。它来自经验和成功，又对成功起极大的推动作用。

很多事业有成的人指出，他们的成功以及克服恐惧与担忧的重要因素，是他们的自信心。他们并不是十全十美，也不是完全有自信，尤其是在生活有重大改变之际。但是，他们总是显得信心十足。

自信心是比金钱、势力、家世、亲友更有用的条件。它是人生可靠的资本，能使人努力克服困难，排除障碍去争取胜利。对于事业的成功，它比什么东西都更有效。

一个充满自信的员工不会畏惧任何困难的挑战，因为自信，他们不仅善于挑战那些不可能完成的任务，而且不必老板事必躬亲。特别是当老板不在的时候，他们对于公司的意义将更加凸显，与那些缺乏自信、畏首畏尾的人比起来，他们才是公司的脊梁。有人说：“如果我们将自我比作泥块，那我们将真的成为被人践踏的泥块。”一个优秀的员工必须时刻提醒自己，“天生我才必有用”，必有伟大的目标或意志寄予我的生命中；万一我不能充分表现我的生命于至善的境地、至高的程度，对于世界将会是一个损失——这种意识，一定可以使我们产生出伟大的力量和勇气来。

事实上，只要你认为自己能够做到，就可以真的变得了不起。对公司和老板而言，那些脚踏实地而非目空一切地相信自己的员工，那些具有深厚而健全自信心的人，都是公司的珍宝。他们能够把自己的活力传送给身边缺少活力的人们，他们没有理由不得到赞赏和重用。

总之，自信心在一个人的奋斗中相当重要。有人说："决心就是力量，自信就是成功。"拥有自信的人，便会相信自己能够做好即将来临的任务，认为自己能够比一般人出色，并时时展现出这种出色。

自信需要培养。能够培养、强化和巩固自信，就是不断地取得成功。一些人之所以缺乏自信，甚至自卑，就在于他对自己有了过高的、不切实际的期望。有了愿望却总是无法实现，有了目标却总是达不到，就会一次次地打击信心，甚至迁怒于别人，怨恨社会。事实上他们只要降低期望，把目标定得触手可及，多几次成功，就能够将心态纠正过来。

自信在于准备充分。心里没底，当然难以积聚信心。准备包括对情况的了解、知识的积累、特征信息的收集，以及必要的计划、物质和关系准备。但是，高明的领导者往往在形势不明朗、准备不充分的情况下也能积聚信心、积聚力量，并把信心坚决地表达出来，表现得信心十足，充分地感染下级，让大家同心齐力、共渡难关，从而得到发展及突破。

自信心在于心理造就，或者说是环境心理调适。在做事前先回想一下以前的成功，想想优美的景色和以前最快乐的事情，这样能够凝聚起信心。

人的自主性越强，就会越有信心。培养人的独立性、自主性，能够变相地培养人的信心。

对挫折的有效处理也能够相当有效地增强信心。

有的人喜欢表现，这并不是什么坏事。自我表现是人的一种本能或天性。表现往往能够满足人的虚荣，给自己以更多的信心。

一个人应该积极地影响环境，给环境与周围人群以信心，并使这种信心成为一种优势，从而让自己的信心更强。有了自信心，才能保证完成任务。

成就业绩离不开团队合作

没有完美的个人，只有完美的团队。

一个人再完美，也只是一滴水，一个团队就是大海，把自己融入团队，才能形成综合总效。一个人只有融入团队才能充分发挥他的潜能，只有在团队的帮助下，个人业绩才能达到最大值。

韦尔奇曾精辟地指出：“一个公司就像一座大楼，它分为若干层，而每一层又隔了很多小房子，我们就是要把这些隔层尽量打掉，让整个房子变成一体。”

一个人只有融入团队才能发挥他的潜能，才能更快地实现他的人生价值。如果我们在工作中只知埋头单干，不懂得依靠团队的力量，那么我们的忙碌很可能只是低效率的蛮干。

公司的良性运转需要每一位成员的主动投入和出色配合，无论你在企业中充当什么角色，你的每一项工作与同事的工作都有一个接口。这就意味着只有通过团队协作才能共同把工作做好。

每一个团队都由不同领域的专家组成：工程师、工业设计师、绘图师、广告设计师、人类学家、心理学家，以及与产品领域直接相关的专家。人类学家用他们敏锐的眼光去观察产品，锁定特殊顾客群，有时甚至与他们共同生活，记录下这些人的生活习惯、作息起居、兴趣爱好；心理学家对这些记录作出深层的心理分析，以揭示这些顾客对某一产品可能连自己都尚未意识到的深层需求；工程师根据这些分析总结出新产品需要具备的特征和性能，再由工业设计师和绘图师结合产品特点设计出外观美丽而又方便实用的产品模型，然后进行样品投产；试制成功后由广告设计师向大众展现该产品的与众不同。在这个团队创新过程中，所有环节都紧紧相连，每一个队员都必须有对产品深刻的理解，并在制作过程中深深介入，因此用“集体智慧的结晶”一词来描述团队的创新成果确实最合适不过了。

可以说，团队精神是企业成功的要素之一，也是企业选择员工的标准之一，一个公司的政策的延续性和它的团队精神密不可分。同时，员工的团队精神是否能得到发扬，是决定工作成果的重要因素。

社会发展到如今，分工协作显得越来越重要，这是因为科学知识在向纵深方向发展。社会分工越来越精细，人们不可能再成为百科全书式的人物，人总会有这方面或者那方面的缺陷，不可能事事精通。每个人都要借助他人的力量完成自己人生的超越，于是这个世界充满了竞争与挑战，也充满了合作与快乐。要学会与人分工协作，从而使自己的事业向前再向前。

清末名商胡雪岩，自己读书识字不多，但他却能把士、农、工、商等阶层的人都聚拢起来，以自己的钱业优势，与这些人协同作业。由于他能说会道且重情重义，所以别的人也被他的行为所打动，对他产生了信任。他与漕帮协作，及时完成了粮食上交的任务。与王有龄合作，王有龄有了钱在官场上混，胡雪岩也有了机会纵横商场。如此种种的互惠合作，使胡雪岩这样一个小学徒工变成了一个执江南半壁钱业之牛耳的巨商。

自己的力量是有限的，但是只要有心与人合作，善假于物，取人之长，补己之短，合作的双方就能从中受益。

有一位厂长，在用人的时候既善用人之长，又善用人之短。比如，安排遇事爱钻牛角尖者去当质量检查员，让处理问题头脑太呆板者去当考勤员，而脾气太犟、争强好胜者就任命他当攻坚突击队长，办事婆婆妈妈的就让他去抓劳保，喜爱聊天、能言善辩的就安排去搞公关接待。这样一来，厂里一切便都秩序井然，效益越来越好。

依靠群体的力量，做合适的工作而成功者，不仅是自己个人的成功，也是整个团队的成功。

相反，明知自己没有独立完成工作的能力，却被个人欲望或感情驱使，去做一个根本无法胜任的工作，那么失败的概率也一定更大。这不仅是你一个人的失败，而且会牵连到周围的人，进而影响到整个公司。

如果每个员工都清楚自己的职责是什么，自觉地维护公司内部合理分工、角色分明的秩序，尤其是能自觉维护领导的权威。那么，一定能形成一个纪律严明、高效合作的团队，从而在激烈的市场竞争中取胜。

CHAPTER 02

第二章

用培训突破人力资源的瓶颈

企业员工培训是企业进行的一种重要的人力资源投资。通过员工培训，可以使企业员工明确自己的工作职责、任务和目标，提高知识与技能，具备与实现企业目标相适应的自身素质与业务能力，在个人得到提高的同时，为企业创造更大的效益与价值。

企业培训人才，说起来容易，做起来却难，而要达到培训的目的，更是难上加难。然而，在人才至上以及知识更新换代奇快的今天，企业要想发展与壮大，就必须用培训来充实员工的知识与技能。企业只有拥有用知识武装起来的员工，才能在市场激烈的竞争中立于不败之地。

员工培训的意义

当今企业，大多重视人才的再次培养。特别是欧美的一些大企业，像世界五百强的IBM、摩托罗拉等公司，每年仅用于员工培训的经费，就相当于中国一般中型企业的经营数字。日本企业也十分重视员工培训，一些企业甚至明文规定企业领导有培养下级的责任，并将领导者是否有能力培养下级，作为考察领导者是否称职的一个重要指标。

企业实行培训，如同银行经营贷款的同时要接受存款，若光贷不存，银库很快就会空掉，同样的原理是企业对人才不进行“存款（培训、充电）”，光是从企业外求贤纳才是远远不够的。因此，只有通过对人才持续培训，使他们的能力和素质在各种教育、训练、学习和培训中得到提高，企业才能实现人才价值的增值，使企业保持旺盛的生命力和持续发展的经营效益。

一般来说，员工接受培训对企业有如下正面的意义。

培训增强企业的适应性

变化，是企业环境的永恒主题。应变，是企业发展的基本任务之一。培训，正在成为企业适应不断变化和日趋复杂环境的日益重要的核心职能。培训工作的质量，越来越直接地影响到企业管理的水平。这也将是21世纪的中国企业在竞争中超越对手的指标之一。谁拥有高质量的员工培训手段，谁就拥有企业的竞争优势。

根据人力资源的观点，一个企业的长远发展不只是依靠设备先进、产品优质、技术领先，它更依赖于具有高素质的、有创造力的员工，这些员工对于企业的管理、运营和服务，是企业长期生存并得以发展的根本。因此，员工培训有利于企业人力资源素质的提高。

现代社会复杂多变，发展日新月异。市场的不断开拓、科技的不断进步、社会价值观念的变化，以及新的思维方式的不断出现，使得外部环境对于企业来说充满了机会和挑战。

企业要适应这种环境，就必须依赖于企业高素质的员工队伍。培训可以使员工不断地更新观念，保持对于外界环境的洞察力和敏锐的反应，进而使得企业在环境变化之前做好准备和应对措施，始终处于市场的领先地位。所以，员工培训有利于企业加强对外部环境的适应性。

现代企业必须不断对自身进行调整和变革，以求得更好的发展。培训使得员工能够及时调整和改善自己的思想、行为和习惯，熟悉和适应企业的变革，减少企业变革的成本。由此可见，培训能够提高企业自身改革和创新的能力。

培训是企业的投资与回报

当前激烈的市场竞争的关键是人才竞争，而人才的价值在于其积极的态度、卓越的技能和广博的知识。由于知识和科技高速更新与发展，每个人的知识和技能都在快速老化，而环境以及市场的快速变化，使企业中的员工素质提高也就显得尤为重要。

因此，中外管理理论家和实践者一致认为培训是一种投资，而高质量的培训是一种投资回报率很高的投资。

探究一些经营不好的企业失败的原因时，不重视培训往往是其失败的一个重要原因，其因果链往往是：不培训——经营不好——更不培训——经营更不好。要打破这条因果链，一定要从重视培训入手，因为培训也是企业扭亏为盈的重要手段之一，如果不培训，员工的态度、技能、知识不提高，企业扭亏为盈几乎是不可能的。

培训是员工最好的福利

企业的工资高，奖金多，住房医疗全包，最好每月还有清凉饮料费，如果再加上工作轻松，那真是人人羡慕的最好福利。然而，这已经是过去式了。

这样的工作环境不需要你提升自己的能力，不给你锻炼的机会，等你年龄大了，一旦下岗，带给自己的将是无限的怨悔。因此，提供培训，让企业员工拥有专业技能和知识，具备成功者的素质，企业给予他们的将是终生受用的无形资产，这才是最好的福利。

不要再以为企业员工在工作中所需要的绝大部分知识，光靠学校所学到的就够了，现在进入了知识经济时代，专家说，知识每五年更新一次。换而言之，五年前的大学生，如果不学习的话，现在已经落伍了，因为五年前学到的知识，到现在已经被更新得差不多了。

员工培训在外国已进行多年，是众多著名外资企业赖以生存的资本。正是凭着其规范、科学的培训机制，他们方能在世界各地"攻城略地"，占领市场。有了培训，他们才能有效地保证每一名员工素质的一致性；员工与企业运作的协调性，才能保证企业内部稳定运行的每一环节完美有机地衔接。

但在我国，许多企业界管理者还未将管理训练与考绩、升迁、加薪、奖惩等人事决策适当地挂钩，顶多只是将培训当作参考而已。而且公司与企业往往只注意短期培训，忽略长期规划。由于知识与管理技巧的日新月异，不论何时何地都应保持同经济发展的潮流与时俱进，不断接受不同性质的培训，规划出长期系统、见木又见林地组织培训计划。

据国内著名财经杂志在一份对京、沪、穗、深职业经理人的总体情况调查报告显示，其中在企业福利的调查一项中，福利待遇包括了实际福利与培训进修两个方面。85.7%的经理人普遍反映，与医疗、住房等其他方面的福利相比，他们更看重培训进修，培训是最大的福利。

也许把培训工程比喻成防洪工程更贴切，投进去一些钱，看不出太大的效果，仿佛只是花钱，暂时创造不了直接的经济效益；但如果省了这笔钱，随着泥沙越堆越多，河床越来越高，一旦洪峰来了，造成决堤，损失的可能是几百个亿、上千个亿。当然，培训也不能是豆腐渣工程，空有一个不实用的虚架子，不但起不到实际效果，还赔上了时间成本和机会成本。

员工培训的趋势

随着现代科技和社会的发展，员工培训理论也在进一步深化演变。在对培训有了一些了解的前提下，我们也应该对其未来的发展趋势做个大体的分析。

培训注重适应外部环境的变化

一个企业或者一个组织并不是在任何时候都需要拥有自己的培训部门和培训人员，在经济萧条和公司转型的时期更是如此。一个公司仅仅依赖自身的培训力量是不够的，在现代环境下，单独一个部门长期担任某一个任务容易导致观念和技术上的落后与不思进取，而学会利用外部的资源，则是避免这种情况出现的非常重要的手段。通过外部培训人员提供的培训，称为获取外部培训资源。

企业应经常与外界保持合作，聘请外部的培训专家或者培训力量，因为他们由于工作需要，一直保持着与最新的观念和技术的接触。即使是企业拥有自己的培训部门，也需要从这些专业培训人员那里吸取新的东西。培训部门越来越注重与各种高等学校和专业技术学校的合作，安排详细的培训计划，提供各种培训和实践条件，以确保企业内部员工获得必要的工作技能、知识和能力。

企业甚至可以直接从学校聘请培训人员，担任课程教学，并对整个培训过程做出预算和评估，根据实际需要对其做出调整和改进，并协助开发出新的培训计划。

随着提供外部培训服务的培训公司越来越多，企业在开展培训活动的时候要注意鉴别优劣，要对外部培训人员或者公司有一个比较充分的了解，并认真挑选出能提供最佳服务的培训公司。而且，随着社会和企业观念的不断变化，提供培训业务的服务内容也越来越多，在互相竞争的过程中大家都努力提高自己的业务水平，降低自己的费用，这对于企业来说是极为有利的。

“虚拟化”——培训部门自身的变迁

培训的另外一种发展趋势就是“虚拟化”。在这种形式中，培训部门把各个业务部门和员工都看作其服务的顾客。因此，培训部门需要明确培训工作与企业经营、团队绩效和员工工作绩效之间的关系。在这种环境中，培训部门需要把自己独立于公司其他部门之外，以一种局外人的角度来看待这些部门的培训工作。

而传统的培训部门往往需要对培训工作进行审计，提供有关公司培训方面的信息，包括统计每年培训的人数以及安排培训的天数、开设的课程数目、课程的登记情况、培训的地点、培训费用、参加受训的人数，以及培训耗费的时间，等等。这些表面化的信息其实对于总结培训所取得的成果，以及计算培训花费的成本并没有太大的用处。

现代员工培训更注重学习者的反应，即学习者的满意度，实际上此时学习者就相当于顾客的身份，而培训部门此时就相当于一个企业在推销自己的产品。顾客的满意程度则是衡量产品好坏的最佳指标。因此，现代培训理论需要培训部门的注意力集中在以下几个问题上：怎样让学习者得到所希望的技能、知识、能力？如何使得学习者能够把培训的内容转化为实际工作中的绩效？如何使员工的培训过程与其工作的绩效直接联系起来？

培训组织的多样性

培训组织的多样性，主要体现在以下几个方面。

1. 企业大学的进一步发展

据《美国新闻与世界报道》周刊预测，在今后的50年里，企业将会在更大程度上介入教育和职业训练。第二次世界大战以前，美国可以授予学位的企业学院只有3所，到20世纪末，发展到24所，其中可以授予博士学位的有4所。

这些企业学院的学位标准和传统学院或大学的学位标准一样，也通过了教育机构的鉴定。如美国兰德公司的博士学位水平很高，可以和伯克利分校、哈佛大学、卡内基梅隆大学中的相同学科的博士水平相媲美。在日本，各大工厂、企业都投资办学，它们建有自己的技术学院、培训中心。

这些培训机构除培训技术人员和企业管理人员外，还设有培训中层领导干部的研修中心。国内一些有远见的企业，如联想集团，也把培训纳入集团的战略规划，建立和发展联想管理学院和各级培训部门，在培训方面加大资金投入，使培训管理科学化和制度化等。

企业办大学，可大面积地培训企业员工，提高企业员工素质，使员工具有良好的团队工作能力和娴熟的专业技能，从而使企业能更及时地适应现代高技术发展的需要。

另外也可以通过企业大学资源，支持和帮助其上下游及其他业务合作伙伴。比如，在企业大学中享有盛名的摩托罗拉大学，不只针对摩托罗拉企业本身开课，也开设对外培训课程，如培训跟自己有关的供应商，或者是经营渠道上的伙伴。不过这一模式只适用于实力雄厚的大型企业，中小企业只能采取联合办学方式，或委托公共教育机构培训员工。

2. 产学合作

国外一些公司在加强企业职工培训时，非常注意与高校的联合与协作。美国教育理事会的调查证实，早在1984年就有半数的高校在企业里开设课程。著名的贝尔实验室就与麻省理工学院、斯坦福大学等37所高等院校合作，为其培训研究生。

产学合作，不仅发挥了高校科技、人才、校舍的优势，也利用了企业基础设施、资金的优势，相互促进，将产、学“两张皮”变成一体，真正做到以产助学，以学兴产。

3. 培训功能部分外包

有些公司通过建立企业大学来加强对员工的培训，而随着外部人力资源管理专业公司的力量逐步加强，一些公司也在考虑将培训任务外包给专业公司进行。在培训部门编制有限，而员工所需学习的知识在不断更新，对培训服务的需求又不断增加的情况下，公司需要加强与外部培训机构的合作。

公司可以把基本技能的培训外包给外部的教育或培训机构，也可以共同开发公司所需的专门培训课程。作为培训部门，不求大而全，而应该把资源放在围绕公司核心竞争能力的开发上。有些公司的培训部门，只有一两个人员负责培训战略和目标的制定，具体的课程实施则交给专业培训公司去做。目前，世界著名的一些管理培训公司已经进驻中国，如美国管理协会亚太培训中心等。国内小型的培训公司也应运而生，如优仁、中联咨询等。

从短期培训到持续学习

从20世纪80年代开始，在企业界和管理理论界，出现了推广和研究学习型组织的热潮，并逐渐风靡全球。美国的杜邦、英特尔、苹果、联邦快递等世界一流企业，纷纷建立学习型组织。初步统计，美国排名前25名的企业，已有20家按照学习型组织的模式改造自己。

在我国建立学习型组织，也是当前管理界和企业界共同认识和关注的热点，可见，组织专业知识与技能的学习已成为组织管理理论及实践的一个中心议题，所以今后的培训将从一般意义上的员工培训，发展为整个组织层面上的学习。另外一个为人所关注的就是知识管理。

随着企业局域网等新技术的开发，施乐等公司提出了知识管理的概念，即公司通过各种方式把员工的知识转变为公司的共享资产。这也为公司的培训部门增加了新的职能。惠普公司有个内部咨询小组，为各业务部门提供咨询服务。它负责收集各种以往的技术和培训案例及各种最佳练习，把它们收进公司的网络内。一名经理很容易就知道公司内其他部门是否做过某类事，以及是怎么做的。

许多公司还设立了知识管理经理，甚至首席知识长官（CKO）等新职位，其主要职责就是在组织的各个层面进行知识管理，使员工的个人知识能传递并保留下来。

培训手段的技术化

现代社会，各种高新技术诸如互联网、多媒体、光纤技术等，已经广泛地运用到社会的各个方面，这些技术在培训工作中也得到了普遍的应用。原因有以下几个：

第一，由于科学技术的进一步发展，新技术的获得和使用费用继续下降，企业使用这些新技术的门槛继续降低，越来越多的企业可以加以利用。第二，新技术（如互联网技术）可以对不同地点的员工同时进行远程异地培训，而不需要将他们集合起来，这样就节省了大量的费用和时间。第三，企业利用这些高新技术，可以把工作的各个环节融合到培训之中，如模拟实践、信息反馈、知识强化等等。第四，利用新技术可以使得学习者能够自由选择完成培训工作的实践和方式，并且能够促进学习者之间的交流，培训者也可以根据不同学习者的不同反应，安排不同的培训进度和培训内容。

但是选择新技术的时候管理者必须对以下几个问题加以注意：

1. 使用新的培训技术需要较高的研究开发费用。这些费用主要用于购买培训的设备和必要的软件、开发项目或者项目改造。

2. 注意培训工作的需求，是否需要对新技术做较大的投入，一些基本的技能和知识培训，如果在传统的培训方式下可以得到解决，就无须耗费大量人力物力来引入新的技术和培训方式。一切工作应该根据实际需要灵活安排。

培训内容国际化和本土化的结合

越来越多的公司意识到“如果我们自己不走向全球化，全球化将会走向我们”。全球化成为一种趋势，这也对企业的经营战略、人力资源管理，以及培训发展产生了深远的影响。

过去，跨国公司对中国员工进行培训时，往往采用的是该国的培训体系和内容，有时会让员工感觉和中国的实际相差太远，后来一些公司进行了改进，在中国的培训采用中国案例和实践，而现代企业培训的趋势将是既吸取了国际化的优秀实践，又结合了当地的具体情况的培训。

另外，国际化要求经理人员具有对各地文化的了解和领悟，能胜任在全球范围的工作。本着这样的观念，一些企业不惜重金开展驻外培训。如德国大众公司的驻外培训措施有：

1. 加强教师国际培训。目前，大众公司已有60名教师结束了在国外的工作和学习。

2. 德国本部与海外公司交流管理人员。根据这一计划，已有四百多人签订了去海外公司工作的合同，同时海外公司的管理人员也须到集团本部工作一个阶段。

3. 开展国际青年人才交流活动。与国外公司或大专院校签订交换学员培训、教师培训或专业培训的协议。

韩国三星集团为跟上产业国际化的发展趋势，每年派出400名“独身业务员”到世界各地，驻外培训进修一年，目的是训练一批“地区性业务专家”。

这些国际化培训适应了企业对外拓展的需要，是企业跨国经营成功的基础。国际化员工素质的提高，促进了企业的海外业务的快速发展。

培训类别和内容日益细分

未来企业员工培训类别和内容大致有以下几种类型。

1. 总经理技能培训

领导艺术培训，高级总经理学历课程（MBA），如何指导下层和在不同部门就职，如何完成特殊委派，还包括培养最高层的管理领导技能，如何转变管理方式，制定战略决策等。培训对象一般为公司最高层管理人员。

2. 经理技能培训

决策计划技能，领导艺术，以及与其他经理交流的技能，如何进行时间管理，项目管理，辅导雇员制定工作目标和完成工作计划。

3. 职业技能培训

广泛的培训内容，如人际交流技能，计算机技能，其他的相关专业知识（如财务、采购、工程等），以及各种基本技能培训和复习进修。

4. 技术培训

这是近年来发展最快的一个领域，也是完成各项工作所必须进行的培训，培训内容包括计算机技术，生产工艺，使用特殊系统和设备，执行有关政策和规程。

5. 安全和健康培训

在降低劳动保护相关成本的同时，确保工作场所的安全与人员健康。内容越来越多地涉及如何处理工作压力和建立健康的生活方式。

6. 新员工上岗培训

确保新员工有一个良好的开端，能迅速与组织融为一体。所涉及的内容可以小到工作场所的基本介绍，也可以大到介绍公司企业文化的方方面面。

7. 组织发展培训

有关企业组织管理的培训，诸如全面质量管理计划，顾客服务和团队建设。

培训与改革联系更加密切

改革是现代企业面临的最迫切、最主要的问题，市场机会瞬息万变，要求企业必须随时作出反应，实施改革。但是改革的过程必然会受到来自各方的压力，此时管理者必须把新的工作方案分解为若干简便易行的步骤，使得员工了解怎样通过新的培训方式来帮助其达到需求。

企业在引入了新的培训技术和方式后，可能会导致组织权力结构的变化。与传统的培训方式相比，运用新技术会削弱管理者对培训许可的控制力。因此，新系统可能会产生权力失衡问题。如果这些问题得不到解决，管理者可能不愿为引入新的培训方式提供支持。

对任何新的培训方式来说，都必须面临培训与改革相关的几个问题。比如任务的重新界定。它使得员工和管理者的工作角色和职责都可能发生变化，员工不仅要参与培训，还要提高培训的质量，而管理者则要努力成为好的教练和辅助者。再比如权力和影响力的调整。新的培训方式使得员工可以自由查阅数据库，或者接受其他形式的培训信息，这意味着管理者有可能丧失他们原本拥有的权力。

改革阻力则是另外一个问题。新的管理方式和工作方式给培训工作提出了新的问题，即如何使员工和管理者适应新的工作环境，处理新的问题。如何正确处理新的培训方式以及改革的问题，在很大程度上决定着培训工作甚至整个企业的兴衰成败。

培训不再只是培训部门的事

培训的最终目的是提高整个企业的经济效益，而要达到这一点仅仅靠培训部门的努力是远远不够的，必须依靠培训部门与财务、生产、营销等其他职能部门的通力协作，这些部门的支持对于达到培训的最终目标是必不可少的。培训部门应该注重为雇员提供信息系统的支持。

目前，由于企业规模不断扩大，正式员工和临时员工越来越多，对产品和服务的需求弹性也不断提高，这就对培训部门提出了挑战。这时培训部门要依赖于各个部门的合作，共同为其提供信息支持系统，对生产中可能出现的问题随时提供帮助和支持。

由于生产效率与组织设计息息相关，许多公司正在努力建设高效率的工作团队，这也要求各个职能部门的员工们具有较高的团队精神和工作能力，以及熟练的工作技能，必须全面了解统计控制过程和全面质量管理的原理。此外，员工应该充分了解整个产品和服务系统，从而更好地完成企业的经营目标。

目前，越来越多的企业正在向高效率工作系统演变，培训部门则需要在人际关系、技能、能力、质量，以及帮助员工在理解整个产品或者服务系统等方面提供最佳服务。

企业回避员工培训的借口

一些企业根本不重视员工的培训。他们总是认为自己有这样那样“充分”的理由，因此他们不需要进行员工培训。他们的所谓理由，概括如下。

培训成本太高

事实上，许多企业的成功经验表明，培训是一件低投入高产出的事情，从培训员工上获得的经济回报相当可观。只需要支付少量的成本，就会使你很快做出原本需要深思熟虑的决策。例如，当你发现关键的员工决定辞职，而你已经开始培训另一位员工来适应那项工作，那么即使这位关键员工离你而去，你也不会措手不及。最初接替者可能对这项工作并不是很熟悉，但毕竟比你从外面招聘新员工要有利得多。由此节约的成本会使你的这个理由根本站不住脚。

员工是“铁打的营盘流水的兵”

你培训员工，也许有一天他们会弃你而去，在许多行业，这都是一个现实问题。你不能把员工禁锢在公司，但如果你对他们进行培训，真诚地与他们交流，并使他们感觉受到尊重，他们就不会想离开你。你越培训员工，他们就越能做出业绩，业绩越好，他们就越想留下来。

相反，如果你从不对员工进行培训的话，他们认为在企业中学不到技术，能力没有提高便有可能离开企业。世界上著名的大公司之所以对人才有巨大的吸引力，重要的一条就是他们能对人才进行良好的培训，会使员工觉得他们在这家公司工作，并不仅仅是为了挣一份工资，而是使自己的能力得到提高，境界得以升华。

从这个意义上来讲，好的公司也是一所好的大学，在这样的公司工作也是一个接受教育的过程，因此，这样的公司在人才市场上的吸引力是不言而喻的。

留住人才的最成功的策略是培训和发展。德雷克比姆莫林公司（DBM）为搞清楚哪些战术对留住公司职员最有效，曾通过对123名人才管理人员和其他一些来自中国香港、新加坡、澳大利亚和新西兰公司的高级主管进行了一项调查。该公司采用了23种留住职员的对策，并把调查结果归纳为5类起关键作用的因素，例如报酬，职业发展（像指导和培训），工作的灵活性（像灵活的工作时间这类方式，其中包括分担工作和远距离办公），身心策略（如健身俱乐部的会员资格），提高福利待遇。

其中挽留职员最成功的对策是培训和个人发展机会。有了发展，报酬就会相应提高。DBM公司认为，出乎意料的是，这些策略非但没有导致一位职员到别处去寻找更好的工作，而且对挽留人才非常有效。

从另一个角度看，员工学会了就跳槽，这里涉及培训的理念问题，企业培训是为了什么？企业培训绝对不是为了员工，而是为了企业的最终使命——追求最大化的利润。

有句名言：没有完全一样的两片树叶。同样，也没有完全一样的企业。假使一个企业培训体系是紧紧围绕本企业建立的，它一定会把企业各种人才进行合理的配置。它所培训的人才，一定只有在本企业中才能发挥最大效用。这些人才所组成的人力资源体系，也应只是本企业的人力资源体系，它的运作是整体运作，不是靠某个人单枪匹马就能成功的。

所以，一些员工跳槽并不可怕，只要培训体系还存在，只要企业的主体还存在，企业就可以不停地运作下去，因为它拥有了企业人才永不枯竭的源泉——培训。

例如，宝洁公司每年虽然都有大量员工流失，但由于他们仍然坚持每年进行大量系统的企业培训，使他们保持有足够的技术员工的后备力量，因此，宝洁现在继续保持强劲的发展势头，非竞争对手所能达到！

企业运行良好，培训是多此一举

企业运行良好，一切都很正常，为什么要费力培训员工呢？为什么要改变原有的习惯呢？

在很多家族式的民营小型公司中，这种态度是显而易见的。在这些公司中，当年创业者的勤奋和奉献精神在现在一代人的身上已难以体现，创业者的远景规划和激情并没有全部移植到年轻一代人的身上，而年轻的一代人现在却掌握着公司的命运。

起初，公司的创立可能是一时的冲动，把它当成一棵摇钱树，为业主提供生活资金来源。员工尽量维持着工作，部分原因是别无选择，或是由于长期以来对创业者的忠诚。但这些创业者现在已经逐步退出了公司的领导岗位。结果，现在的老板很容易得到了金钱，而员工则满足了生存的需要。

也许你的公司现在运营状况良好，但它会永远保持这样吗？在瞬息万变的市场竞争中，只有不断培训你的员工，才能为你的企业找到继续存活并发展的途径。

拒绝培训员工的恶果

有些管理者对培训员工草率行事，为了达到业绩目标，宁愿自己揽下大量工作，整天忙得不可开交。

表面上该管理者“劳苦功高”或“没有功劳有苦劳”。其实他的这种做法不但害己——自己不得不揽下大量工作，整天忙得不可开交，而且害人——他因草率对待员工的培训，对企业造成了以下七大恶果。

1. 不能承担社会责任

管理者不积极培训员工，凡是重要的工作都由自己一手包揽，各方信息也一人独占。

这样一来，如果管理者不在，谁也无法代替他的工作，谁也无法承担对客户或与此事相关的责任。当管理者有事外出，当客户或相关人士询问某件事情时，其他人只能是一问三不知。

2. 阻碍新员工发挥潜能

假使管理者独揽着一摊工作不放，新进员工就无法掌握基本的知识和工作要领，这样一来，新进员工经过很长的时间，仍旧无法明确掌握工作的诀窍，更谈不上潜能的开发。

3. 工作部门士气低落

一般人认为，人们倾向选择较容易的工作而回避高难度的工作，但学者经过调查之后却得出与此相反的结论。

某公司录用了10名员工，分别在A、B、C三个部门轮流实习，每个部门待1～2周。A部门主管只准新进员工旁观，什么也不准做。B部门的工作是任何人都可以从事的简单工作。C部门的工作则较为复杂困难。

实习完后，当主管问及他们希望到哪个部门时，10个人全部都希望到工作难度较高的C部门去。

由此可见，现代年轻人的好学上进，上级将困难的工作留给自己，只让下属做简单的工作，就是员工们士气低落的主要原因。

4. 工作质量差

如果管理者习惯独揽工作，姑且不论他工作量完成的多少，他的工作质量能一直是保持在“优质”的状态吗？事实并不尽然。但是，目前许多上级都普遍存在与其把工作交给年轻的员工去做，还不如由自己处理来得放心的心态。

某经理就信奉这一教条，重要的工作均由自己包办，因而引起了部门工作上的混乱。比如，他正在进行工作之时，询问其他工作的电话打了进来，于是他只得停下手中的工作接听电话，等接完电话后再开始工作。在种种的干扰之下，错误也就不断出现，再加上时间有限，使他手忙脚乱、粗制滥造，结果使得工作质量日益下降。

一些部门里到处都可听到员工发出的“请科长不要插手”之类的怨言，而科长则认为“在部门里我是最有能力的，只有我亲自参与心里才踏实”，这其实只是科长一厢情愿的说法。请注意不要成了职场上的堂吉诃德。

5. 管理者自身成了牺牲品

最大的悲剧莫过于管理者成了牺牲品。如前文中的某经理就是典型的例子。他一人紧抱着大量工作，一直处于极为忙碌的状态，其他员工既帮不上忙，也不能成长，而自己每天过着走钢丝般的紧张生活，导致工作质量下降，员工们怨声载道。但为了完成业绩目标，只得拼死奋斗，到头来心力交瘁，而下属则在一旁冷眼旁观。

像某经理这样的管理者，总是为了眼前的工作而拼命，而没有自己的时间，根本谈不上对今后的工作进行规划。而在他的上司、部属的眼里，都认为他昔日的魅力已不复存在，最后当然难逃被降级、成牺牲品的厄运。

6. 工作进度停滞不前

管理者埋首于工作中，容易忽略了对整体工作进度的掌握，因此造成管理不善，员工工作进度停滞，抱怨声此起彼落。为了解决这些问题，管理者往往必须重新拟定工作方针，其工作效率也因此受到质疑。

7. 威胁企业的未来

管理者到了这种地步，免不了被降级、调任其他部门或者辞职，从而使自己坠入被动的境地。不过有时候并非当事者辞职就能解决问题。因为留下的问题堆积如山，倘若接任的人在业务上又不能独当一面，没办法完全取代他，其恶果还会威胁着企业未来的发展。

企业培训员工的误区

早在70年前美国的卡内基就开拓了企业人才培训这一行业。今天，全世界有七十多个国家已引进了卡内基训练方式，全世界平均每周有三千多人到卡内基公司报名受训。但是，在我国，企业培训工作刚刚起步，企业的思想观念中存在不少误区。

培训无用论

培训无用论有两种，一种是直接无用论，即培训不能增强企业员工才干，反而耗费员工工作时间；另一种是间接无用论，认为目前企业员工的知识技能已足够企业使用，培训只是为以后增长员工才干，对企业当前没有多大益处，即投入大于产出。

抱有这两种观点的领导，不是对培训拒之门外，就是只把培训当作一种“企业在不断追求进步”的形象宣传，仅是做给员工或外界人士看，而没有实际的投入。

造成上述现象的原因，一方面是我们还没有形成真正的“终生学习”和

“动态学习”的观念；另一方面，由于中国现阶段的企业培训方大部分是公共管理培训机构（包括管理院校和培训中心），他们传统的教育方法使培训内容陈旧单调，缺乏实际效率，进而导致企业领导对培训工作丧失信心。但是，在这个经济环境急剧变化、市场竞争异常激烈、知识更新速度太快的形势下，如果不跟上时代发展，不充实自己的企业，企业走向产业老化和衰败是难免的。

要改变现状，可以招聘新的员工增强活力，但对于大型企业来讲，新聘员工不是被老员工同化，就是要花很长时间才能使企业发生转机。要彻底解决问题，只能从内部着手。而正在崛起的专业培训机构，则是根据不断变化的市场，从企业内部着手，主动提供企业所需的知识技能，进行人才开发，使企业增强活力、竞争力。

古诗有云：“问渠那得清如许？为有源头活水来。”如果企业对培训不进行实际的投入，企业领导不重视、不参与，必然使培训在源头被卡死，怎么使员工积极投入培训？怎么使企业得到生机勃勃、充满朝气的员工？

忽略培训的艰巨性

专业培训是一项艰巨、复杂的系统工作，它不仅需要领导重视、参与，需要培训老师的艰苦努力，还需要员工积极的配合和长期系统的训练。

由于大量员工在一起培训，员工个体的学习能力不一样、转换思维的速度不一样，往往会产生巨大的个体效果差异。因此，希望每一个员工在短期内都取得优越的成绩是不可能的。而且，教学是教与学的双向关系，并非培训老师教得好，员工都能学得好，这需要时间的磨合，需要双方积极有效的配合。

如果急于求成，把培训目标定得过高，必然干扰教、学两方的进度，影响学习效果。有句俗话：期望越高，失望越大。说的就是目标不切合实际，带来的失败就会非常惨烈。特别对于“学习”，循序渐进是自古就有的道理，忽视培训的艰巨性，就会使培训流于形式，草草了事，浪费企业员工的时间和培训老师的心血！

培训就是讲课

传统培训的中心是培训老师，让学员围绕老师转，培训形式单调；现代培训重视“练”的成分，表现得更为活泼、更为全面。

培训新一代既具有先进的科学技术理论知识，又能针对实际问题进行各种先进设备操作的知识型、技能型的员工，仅靠培训老师讲课是远远不够的。现代培训更倾向于举办各种技能训练，让员工在实际动手操作的同时，消化、理解培训老师所讲的理论知识，并着重在自己练习的过程中，提高分析、处理问题的能力，这种生动活泼的培训方式，更适合年轻员工的特点。

培训工作人员没有被重视

早在1954年，心理学家马斯洛就把人类需求分为五个层次：生存、安全、归属、自尊、自我实现。说的就是，人不是单纯追求经济收入，人们在生产中还追求人与人的和谐、友善，追求地位、名誉、受人尊敬及自身能力在社会中的体现。

尽管企业给了培训工作人员高额薪水，但由于培训工作人员大多文化水平较高、活动能力强，他们不会仅仅满足于“生存、安全”这样的追求。若他们没有得到尊重，培训人员很难达到“自我实现”，必然影响培训工作的效率，培训工作将会趋于呆滞而缺乏创新，致使企业人才开发工作低效运行。

尊重培训工作人员，则可以激发他们的潜力，使他们对培训工作充满热情，进而可以促进学员的学习热情的提高，使教学双方在和谐、快乐的活动中，高效地完成教学计划，甚至在充满激情的教学过程中激发大量具有创意的成果，为企业创造更多更有活力的人才！

培训不尊重成人训练的规律

成年人和非成年人之间很大的不同，就是成年人有知识储备、有经验。因而，成人做事就受到已有的知识经验框架的限制，让他们直接跳出自己已有的框架非常困难。同时，成年人具有机械记忆能力弱、理解能力强、抽象分析能力强等特点。

所以，在培训时，要对成年人进行引导，让其“触类旁通”“举一反三”，使他们主动地跳出已有的思维陷阱，去接受新知识、新事物，同时，培训中需要唤醒成年人已被淡忘的知识技能，使之从成人脑海底层浮现出来，并对新旧知识技能进行系统化整合，达到与企业发展相结合的目的！

没有把培训当作长期性的工作来抓

出于短期成本效益的考虑，不少企业往往在出现问题或企业停滞不前时，才被动去找培训老师，使企业的培训工作总是间歇性的。

然而，培训是一个系统工程，不仅是一个人员配合的系统，更是时间合理分配的系统。“一阵风”式的培训使企业“头痛医头，脚痛医脚”，不解决根本问题，致使企业跟不上市场经济的发展，往往步人后尘，处于被动挨打的局面，甚至出现企业运作混乱的现象。

一些成功的企业，不仅仅只看到眼前的成本支出，他们看到的是远期的收益，着力把人才培训当作长期的系统工作来抓，如医药行业的杨森、史克、辉瑞、默沙东等企业，把职员培训视为生命线，员工每年定期轮训1～2个月。

长期系统的培训对实现企业的长期战略尤为重要，其给企业带来的益处有：

1. 员工个人素质的全面提高，适应企业长期发展需要，从而使企业人才开发使用与企业成长互动。

2. 可以推动和完善企业文化的形成，树立良好的企业形象，而企业文化是一个企业的灵魂，是创造生产力的精神支柱。

3. 加大人才与庸才的分离，使企业能优化组合人才，形成强有力的优胜劣汰整体效应。培训如同离心器，把优秀员工的潜能开发出来，淘汰没有潜力的员工。通过培训，能使企业看清员工的特点；通过优化组合，更有利于员工的快速成长，有利于企业工作效率的飞速提高！

4. 增强企业的向心力。员工在培训中相互接触、相互了解，加深了他们对企业的感情，使企业员工主人翁感增强。

因而，只有不断加强、不断提升的系统化培训，才能为企业塑造人才，才能为企业带来永不枯竭的人才资源。

培训脱离实际

现在的教育大多是单向选择，即教员教什么，学员就学什么，学员没有对学习内容的选择权利。这自然而然地影响到从教育衍生过来的企业培训。

许多教员，只知传授，而不关心学员有没有接受，严重脱离学员的实际情况。很少有培训机构能在培训前对学员进行知识、技能的问卷调查，通常都是根据自己的经验设置课程和教学方案，导致学员重复学习或去学习超出自己接受能力的知识技能。更少有人会在培训前和学员交流，了解其真正需要学习的内容。

企业培训另一大弱点是，仅仅进行简单的知识技能传授，而不与企业的实际情况相结合。培训不是为企业服务，而是为学员个人服务，这将削弱企业的整体战斗力。

真正的企业培训，是紧密结合企业的人才需求，针对企业员工的知识技能缺陷和学习特点，设计直接面对培训对象的课程，采用有效的培训手段，达到为企业增加利润的目的。

CHAPTER 03

第三章

有备而为之，做好培训准备

经过培训需求分析，明确了培训需求以后，即可进行培训设计与准备工作。企业应根据培训需求，结合本企业的战略目标来进行此项工作。

订立培训目标

制定一个良好的目标，可使管理者在制定计划时不会迷失方向，同时亦能协助管理者监察计划的进度。由此可见，管理者在制定培训计划时，首先要制定一个良好的目标。

订立培训目标的步骤

订立培训目标的步骤如下：

1. 提出目标

在培训设计工作开始之前，应为培训提出明确的目标。但要注意，这一工作并不是一次完成的，它是一个在整个培训过程中，根据对目标人群的了解，不断增加和不断修改的过程。

2. 分清主次

在培训需求调查中，可能会了解到参训者有很多需求。在确定目标时，对这些需求要分清主次，区别对待。哪些是参训者必须掌握而且可能掌握的？哪些是参训者最好掌握而且可能掌握的？只有完成了“必须掌握”的目标之后，才能考虑“最好掌握”的目标。

3. 检查可行性

根据参训者的情况、时间等条件，检查是否能完成目标并做出调整。知识目标通常容易实现，而且不需要花很多时间，只要“告诉他们”就行了，或者是作一次测试。技能目标则需要较多的时间，因为要通过大量的实践才能使参训者掌握。态度目标需要更多的时间，这涉及改变人们的观念。因此，要根据不同的目标采取不同的培训课程设计方法。

4. 设计目标层次

首先，需考虑两个问题：

第一，这次培训需要准备哪些知识？

第二，哪些目标要在其他目标之前完成？

对第一个问题的回答可以帮助确定从何开始；对第二个问题的回答可以帮助建立目标层次。

通常，人们会把知识目标放在首位，参训者只有懂得了知识，然后才能去做。这样有一个弊端，就是会导致在开始时用大量的时间讲授，而用于实践的时间却很少，结果是参训者知道了怎么做，但却做不好。

例如，在企业管理培训课上，讲了如何做决策，如何召集会议，如何增加员工的凝聚力等理论，但如果没有足够的练习，参训者还是不能把所学到的理论运用到工作中去。

这一阶段的最终结果是简要列出工作目标。一天的培训不要超过三到四个目标。

订立目标时要注意的问题

很多人学了制定培训目标，一定会先拟定一大堆目标，然而却没有设定具体合理的期限，这些目标是不会达到的。

一个没有期限的梦想或是目标，效果是非常有限的。在订出目标后，要考虑“是否有足够的时间让参训者实践，以达到这些目标”。如果有好几个目标，最好把它们分在不同的培训中。如果目标很大，应该把它分成几个小目标，然后在不同的培训课程中实现。

制定培训计划

培训计划制定的原则

企业制定培训计划，首先需要明确并把握如下原则：

（1）培训计划制定以培训发展需求为依据；

（2）培训计划制定以企业发展计划为依据；

（3）培训计划制定以各部门的工作计划为依据；

（4）培训计划制定以可以掌控的资源为依据。

以上四项原则是培训管理者在制定培训计划时要着重注意把握的关键原则。

制定培训计划的三种常用方式

企业制定培训计划的常用方式有三种：

1. 培训计划会议

为整合组织内外的培训资源，应对培训计划的合理性、可行性等因素进行有效的控制，在制定培训计划时往往要召开培训计划会议，来对培训计划进行论证和评价，并确定最终的培训计划方案。

参加培训计划会议往往由涉及计划的部门经理和培训管理者，以及培训管理部门的课程开发人员共同参加，有时为了使培训计划不偏离被培训对象的需要，也可以考虑选择几名学员代表参与培训计划会议，听取他们的意见，可使培训计划更为客观，更切合实际。

2. 部门经理沟通

在制定供应性培训计划时，最为常用的方法当属部门经理的沟通。缺乏与部门经理之间的深入沟通，所提供的培训计划再好，也往往会在实施过程中要面对来自部门经理的干扰或排斥。此外，培训计划制定不可只有一套方案，要为决策者决策时提供备选方案。提供备选方案，可以防备在第一方案出现问题时能及时采取补救措施，避免出现损失。

3. 领导决策

直接由领导部门针对企业具体情况加以决策。

制定培训计划的步骤

员工培训计划的制定就像一台冰箱的生产一样，要遵循科学的“生产”流程，方可生产出高质量的产品。程序错误就会导致返工或生产出废品。

在制定培训计划时，可以先制定公司级培训计划，然后再制定部门级培训计划。公司级培训计划主要包括岗前管理培训、岗前技术培训、质量管理培训、企业管理培训等培训计划。部门级培训计划根据部门的培训需求制定。

开发部可以包括技术管理培训、应用技术培训、技术前瞻培训等；销售部可以包括公司产品知识培训、销售策略培训、商务知识培训等；营销部可以包括公司产品知识培训、营销知识培训、营销策略培训等。

通过公司级培训计划将具有共性的培训组织到一起来进行，可以有效地降低培训成本。

在制定部门级培训计划时，要结合部门员工与岗位知识和技能要求的差距来进行。公司级培训计划制定完毕后，再根据公司级培训计划制定部门级计划就会更加有的放矢。当部门级计划讨论拖延时，不会影响公司级培训计划的实施。

1. 需求调查

根据培训的不同目的，展开培训需求调查。

2. 数据分析

总结差距和根源，也就是明确组织能力、员工素质技能与业务目标要求的差距；明确差距的根源及解决方法；明确通过培训可以解决的差距及培训解决问题的能力。

明确各培训项目信息，培训项目信息包括：培训月份、培训类型、培训名称、培训方式、参加人员范围、重点参加人员、费用预算等。对于重点参加人员，在培训后要进行考核。

3. 制定培训解决方案

明确方案涉及的培训项目；评估现有的培训资源，包括人员、资金、课目、师资等；确定培训重点项目和常规项目，确定培训工作的重点；确定培训需进行的课程开发、师资培养、建设系统，确定培训计划和培训预算。

4. 培训计划的沟通与确认

要求做好培训报告。首先，明确报告的目的。目的要获得与培训相关的部门、管理者和员工的支持，以便落实培训计划。其次，要说明报告的内容。如培训的出发点，培训要解决的问题，培训的方案和行动计划，希望得到的支持等。再次，要注意报告的方法。报告方法是否得当，关系到培训计划能否在培训部门内部获得统一的认识，也关系到主管领导和公司管理层对培训经理、培训时间、培训效果追踪的承诺。

良好的计划是成功的一半。当培训计划是在为企业经营和业务发展提供帮助，是在为管理者提高整体绩效时，培训将发挥出最大的作用。

部门级的培训计划要与各部门经理进行讨论。在讨论中，各部门经理可能会提出增加培训内容和培训预算。要严格控制培训预算，但培训内容可以增加，当然主要通过内部培训的方式解决。另外，培训经理要向部门经理讲清楚，部门级培训由培训经理协助部门进行，而不是由培训经理全权负责。否则，在培训实施过程中容易出现管理纠纷。

在培训需求调研中会发现一些工作能力与岗位要求不相符的员工（主要是“工作态度好，但工作技能不符合”的员工）。公司除了在培训计划中将他们作为“重点培训人员”以外，最好将“工作技能不合格”的信息告诉当事人，让他们有一种培训压力，促使他们更加积极主动地参加培训学习。

培训计划设计需要考虑的因素

培训计划制定的具体过程确定之后，我们需要对设计培训计划所面临的各种具体情况做出具体分析，以最终确定培训计划的各个细节。需要考虑以下几个问题：

1. 培训的范围

培训规划针对不同层次的培训对象。为讨论方便，我们将其分为五个层级：个人、部门、组织、行业和跨行业。

岗位培训规划注重于个人，即偏重于个人能力和技能的提高。这种培训要求培训者对学习者进行单独的辅导，具体分析其所从事的工作并做出分析和指导。它有利于学习者的快速进步，但成本较高，培训规模有限。学徒式规划是其典型代表。

培训规划也可针对某组织内的一个部门来设计。这个部门的人员可能只有几个人，也可能有几千人。通常，大多数技能培训是在这个层次上进行的。技能培训的主题涵盖从工作专业到部门规则的所有范围。

培训规划的对象还可以是整个组织。这时的培训可以是职业精神培训、企业文化教育，以及思想教育、安全教育，等等。在这个层次上设计规划时，必须重视规模经济的作用，注意战略的正确运用。

培训规划还可以为某一行业内的所有组织来设计。行业一般由政府来划分，行业培训一般也由政府或者行业协会来规划和组织。此类培训的主题主要有适用各行业的企业管理培训、法规培训和研究开发性培训。

有些培训规划能适用于所有行业。它包括技能培训（如计算机技能培训）、管理培训、普通基础教育和一般性培训等等。

2. 学习者的工作类型

一般来说，一项好的培训需求分析，能够较好地解决培训对象和培训方式等问题。而对于某项工作在培训方面需求的了解，则可通过对工作本身的系列调查和综合分析来得到。

培训计划的切入点可以是学习者的工作内容对员工本身提出的要求，为弄清这项工作，需要员工具备哪些方面的能力、技能、素质，以及要求员工面对环境的变化如何作出正确的反应。

根据学习者的工作类型可以确定培训的类型属于技术性的，还是非技术性的。技术性的培训基本上是处理那些工作所必需的过程、程序、一般知识和技能，而不涉及监督、管理和激励员工；非技术性的培训则相反，它对员工的激励以及有效管理提出了更高的要求。

3. 培训规模

培训规模受很多因素的影响。比如，它可能由接受培训的企业的规模、经营方向决定，也可能由培训本身的性质、培训力量的强弱、培训场所的大小、培训工具的性质和培训费用的多少来决定。

如果只有少数员工接受培训，就可以进行个人培训，可以不需要或者只要少量的专业教师。个别培训常用于轮岗培训、学徒式培训、在岗培训、程序教学、录像技术、自觉学习等形式。

个别培训可以在比较灵活的地方和时间进行，甚至可以在工作时间，就在员工的工作岗位上进行。这时的培训者可以是企业中的老资格员工或者优秀员工，也可以是技术人员甚至员工的上级。

个别培训存在着一些潜在的问题。没有经过专业技能训练的培训教师很难传授比较高深的知识或者技能，他们也不知道如何教会学习者进行高效的工作。个别培训大量使用传统的程序教学，而程序教学的有效性正承受着广泛的置疑。

对于集体培训，培训者必须考虑三个因素：受训生源、培训的费用和培训策略。如果学生较多，那么对这么多学生的管理也就成了问题。要想降低每个学生的培训费用，就需要一定的学生规模。

培训策略是决定学生集体规模的一个重要因素。例如，使用计算机进行培训，学生人数通常较少；使用讲授、讨论、个案、角色扮演等方法进行培训，要求学生集体规模适中。

4. 培训场所

教室只是诸多培训场所的一种。在某些组织里，教室是最少使用的场所之一。工作车间天然就是在岗培训和自我锻炼的最佳场所。培训中心和语音教室也适于现场培训。

非现场培训场所包括教室和专门的培训基地。使用它们时，需要准备好方位图、停车场标志和其他后勤方面的告示。体验生活的实际场地也是培训规划所应考虑的培训场所。将教室培训和实地体验结合起来，既可使学生获得第一手的经验，又能使他们进行分析和反思。

5. 培训时间

一期培训的时间从几十分钟到数周不等。培训内容、费用和学生生源都能影响培训时间。

为期一个小时至半天的短期培训可以用来介绍主要议题和当今技术发展状况，也可以用来讨论简单的议题。在学习同一段内容时，如果时间超过了三四个小时，那么即使教师采取一定的策略来激发学生的兴趣，学生的学习能力仍不可避免地会下降。这是短期培训的一个短处。

系列培训能为学生提供总结和再强化的机会，因而适用于传授较深和较难的内容。

封闭式培训要求学生在培训地吃住。因而，学生的花费更多，也更愿意接受一些更加复杂的培训，如夜间培训。决定此类培训时间的主要因素是费用，尤其是房租。此类培训常用于那些在地理上人员较为分散的组织。

影响培训时间的还有学生的工作时间和业余时间的分配。大部分职业培训都是在工作时间进行的。虽然可以考虑利用员工的业余时间，但这样做时，必须首先要得到学习者个人的同意。

6. 培训方案的重复使用率

培训方案的重复使用率对设计成本有实质的影响。如果某种方案只实施有限的一次或两次，其设计费用和人均实施费用相对来说就比较大。而如果一个方案能多次重复使用，即使当初设计费用较大，那么将它们平均到每个参加培训的学生身上，这个费用也不算太大。

因而，在设计培训规划时，要尽量照顾到规划的可重复使用性。通常，培训规划是可以重复使用的。要做到这点，就必须做出科学的制度安排。常规化的培训制度（如轮训，每年一度的新员工培训）是提高培训方案的重复使用率的重要条件和方法。

7. 培训费用

设计培训规划时，必须考虑的一个因素就是培训费用。培训费用直接影响着培训初期计划的进行，以及培训实际效果的好坏。培训费用与培训可能带来的收益相比较的结果，更是直接关系着培训工作是否值得展开。

企业选择培训方式时必须考虑一个问题，即企业是在内部设立培训部门，还是依靠外部的力量完成培训工作？实践证明，在企业内部设立培训部门并不一定都适用，可能这种方式的费用过高，而外部的专家可能在专业知识方面更胜一筹。从有关培训调查结果来看，培训的主要费用是工资以及参加培训员工的相关费用，同时员工来参加培训而耽误工作所花费的机会成本必须加以考虑。

尽管机会成本有时是不可避免的，但很有必要去了解员工的工资和从培训中得到的收益。如果使用外部培训人员，可能在费用上会有所增加，但是只要培训效果好，完全可以弥补费用的增加，毕竟培训效果是最主要的。

计算费用时所必须考虑的另外一个因素就是在岗培训中的生产力浪费。当然，这个费用因岗位工作的水平、性质以及所需培训类型的不同而有很大的不同。专家估计，在岗培训时所浪费的生产力是正常生产时的四倍。

8. 培训者

培训者担负着企业员工培训的重任，培训者素质的高低，直接影响着企业人力资源的素质高低．进而影响着企业的成败。因此，对于企业来说，培训者的选择和培养至关重要。培训者的基本职能是培训，即为学习者提供学习的内容、条件、相关信息、绩效评估和反馈，以及其他方面的帮助。

培训者要参加课堂教学、集体讨论，监督学习者完成相应的学习计划等。因此，培训者必须能够科学地利用各种学习规律，运用各种激励手段和管理措施，选择必要的培训内容和手段，保证实现培训的最初目的。

罗杰·贝内特教授认为，培训者具有15种职能，这些职能可以指导培训者更好地完成培训工作：

（1）培训政策的制定者；

（2）培训需求分析的认定者；

（3）培训创造性思维的缔造者；

（4）研究人员和培训课程的设计者；

（5）培训目标的制定者；

（6）培训内容设计者和发展者；

（7）培训管理者和组织者；

（8）培训市场推广者；

（9）培训负责人，组织发展的代理人、教练、导师；

（10）培训顾问、建设者；

（11）学以致用的代理人；

（12）培训资源的管理者；

（13）建立联系的负责人；

（14）培训质量负责人；

（15）培训结果评估人。

大型企业内部一般会有专职培训部门，或者由人力资源开发部门承担大量的培训工作，对员工集中进行管理培训和技能培训。

系统内培训的教师并非都是专职的，有时管理人员和业务专家也讲授些课程。他们能为学生带来大量第一手的经验和专业知识。

培训活动计划过程中的注意事项

一些成功企业培训活动的经验表明，除了应具有系统性外，培训活动的成功也依赖于一些其他因素，归纳起来有以下几点：

1. 注意投入与产出的效益分析

企业运营过程中所能运用的资源是有限的，培训部门获得培训所需资源的过程，如同销售人员推销产品，必须充分展现培训的投入与产出的效益对比。在培训活动正式开始前，培训计划需要提交给公司管理层审批后才可执行。因此，能否充分展现培训的效益，对培训部门能否得到管理层对培训投入的承诺，起着至关重要的作用。

2. 寻求获得高级管理层对培训的支持

赢得高级管理层对培训的支持至关重要。高级管理层控制着公司的资源，洞悉企业的长远发展目标与组织需求，如果培训活动与战略发展目标紧密联系，管理层就会全力支持计划的执行并提供所需的资源。

3. 直接管理层对培训计划制定的参与

在制定培训计划过程中，也应该让直接管理层参与设计培训计划，这一点很重要。直接管理层对业务需求与人员更了解，能帮助培训部门更准确地定位培训的重点，同时基于直接管理层对培训计划与培训目标的理解，能有效保证今后开展培训活动可获得积极的支持。

除了上述三点以外，建立培训部门在组织中的地位与信用度，使培训活动被认同，也具有一定的意义。

4. 项目作业流程

由于每一次培训项目的具体实施过程各有差异，培训项目的作业流程也不尽相同。项目作业的流程设计是以培训策划书和项目计划书为依据。

值得注意的是，在培训工作过程中需要应用的一些表格也需要精心设计。简洁而又完整的表格有助于提高培训效率。

设计培训课程

课程设计的任务是构建一门课程的形式与结构。它是基于对两种不同层次的课程编制的决策。这两种层次指的是广义层次和具体层次。广义的层次包括基本的价值选择，具体的层次包括技术上的安排和课程要素的实施。

培训课程设计的基点

美国教育家泰勒认为，有三种基本的资源依据，已被人们用来作为进行课程决策的选择基础。这三种资源依据是：

（1）有组织的学科内容；

（2）接受课程学习的学生；

（3）社会。

究竟选择哪一种资源依据作为课程决策制定的或唯一的基础，这取决于设计者关于课程要面对谁，要达到什么目的，要产生什么作用的价值取向。

在讨论课程设计时，我们常常要用到“课程要素”的概念。常用的课程要素有九个，它们是：目标、内容、教材、模式、策略、评价、组织、时间、空间。在进行课程设计时，根据课程总体的宗旨要求，对这些要素采取不同的方式，做出不同的处理。通过对这些要素的不同选择和不同的处理方式，就可以设计出不同的课程。

与确定课程内容、教材和学习活动一样，在选择和规划学习的方向和目标时，首要的问题是对学生要做观察和研究，多同他们协商。学科仅作为学习者根据自己的兴趣，探究某些问题或题目的一种工具。

课程虽然不像学科课程那样合乎逻辑，并以有组织的方式提前安排好，但是，教师也要预先有准备，以保证有必要的教材资源可以运用。并且，教师要做好必要的安排，学习者才能够持久地参与学习过程。不论何时需要作出选择，都要同学习者协商。

在这种课程设计中，最重要的是分析问题和解决问题的过程，而不是一系列预定的内容。学习者和教师之间有很多的合作，这是一种具有高度灵活性和个性化的课程设计。它之所以受到重视，是因为学习者要学会主动安排自己的学习，而这正是终身学习的一种最基本的能力。

以这种基点设计的课程通常被称为发生课程、活动课程或以经验为基础的课程。

培训课程的设计思路

培训课程设计要集思广益，采用小组方式是最好的办法。

1. 选择课程设计的参与者

课程设计通常由一个工作小组来完成，即使是很有经验的课程开发者，也可以从其他人那里得到有益的想法和建议，特别是当小组成员的知识、经验、技能互补时就更是如此。小组可以通过运用每个人的经验和知识，设计出完善有趣的课程。

在组织小组时，成员不宜过多，否则不利于领导，也不利于小组成员之间的交流。

2. 发现设想，提出新构思

智力风暴法，又称脑力刺激法或智力激励法。创造过程的中心是“发现设想，提出新构思”。开展这种集体创造时，需要召集较多的人，一般6～12人为宜，共同讨论畅谈。畅谈会需要遵循“两个原则，四条规定”。

（1）两个原则

①讨论者应自由表达自己的想法，暂时不要对此做出任何评价，以使发言者畅所欲言。

②大量想法中必定包含有价值的内容，畅谈会后要进行全面综合评价，认真归纳总结，从中找出新颖而又具有价值的设想。

（2）四条规定

①不许对他人的想法提出批评或表示吃惊。

②鼓励畅所欲言。

③鼓励多提设想和看法。

④追求综合改进。

运用这一方法，可以在课程设计的开始阶段，用尽可能少的时间，收集到尽可能多而且全面有用的信息，特别是在课程开发初期，需要调动每个人的创造性时，这是一种很好的方法。这一方法的做法如下：

· 组织对该培训项目有经验或感兴趣的人。

· 告诉他们这次智力风暴会议的目的就是要开发产生尽可能多的有创造性的想法。

· 强调这里只需要创造性，而不做任何评价。

确定培训预算

如果企业的培训预算不能够支持培训计划，培训计划制定得再漂亮也没有意义。因此，企业在制定培训计划时，首先要考虑经费预算问题。

确定培训预算的几种方式

在企业中，人力资源部门该如何准确地确定预算？或者培训预算在企业总预算中占多大的比例最为合适？这个问题没有统一的标准答案。因为我们很难对培训的效果进行量化评估，也很难将培训的作用与企业利润增长准确地联系起来。

培训预算问题，不同的企业处理方式也不尽相同，一般而言有以下六种处理方式：

1. 比较预算法

最通常的做法是参考同行业关于培训预算的数据。首先是同行业企业培训预算的平均数据，人事部经理可以与本行业中的同行就培训预算问题进行一次沟通，相互了解一下对方企业的情况，然后取平均值（由于各企业的规模不同，建议取人均培训费用额）。另外，同行业优秀企业的培训预算数据也很重要，将平均培训预算与优秀企业培训预算相比较，就可以看出培训费用对企业发展的贡献。

2. 比例确定法

对某一基准值设定一定的比率，来决定培训经费预算额的方法。如根据企业全年产品销售额的一定百分比，来确定培训经费预算额；根据全年纯收入的百分比，或总经费预算的百分比来确定培训经费预算额等。

3. 人均预算法

预先确定企业内人均培训经费预算额，然后再乘以在职人员数量得出预算额，这类方法就是平均培训预算决定法。

4. 推算法

如果企业有历史培训预算的数据，参考这些数据会更加有意义。它是根据过去培训预算使用额推算，运用上一年度对比法决定预算的方法。

5. 需求预算法

根据企业培训需求确定一定时限内必须开展的培训活动，分项计算经费，然后加总求和。

6. 费用总额法

有些企业实施规定人力资源部门全年的费用总额，其中包括招聘费用、培训费用、社会保障费用、体检费用等人力资源部门全年的所有费用。其中培训费用的额度可以由人力资源部门自行分配。

事实上，费用总额法往往是建立在以上一种或几种方法的基础上，虽然方法有些死板，但对于中小企业有效发挥培训效果，还是有一定助益的，因为这种方法会在有限的资金内谋求最大利益。

无论采用何种培训预算方式，都应考虑企业培训的需求和提供经费的可能性。培训经费预算一经确定，便决定了经费使用的基本框架。

培训预算的分配

虽然在确定培训预算时，可能会采用人均培训经费预算的方式，但是在预算的分配时，往往不会人均平摊。有些企业将70%的培训费用花在30%的员工身上，甚至将80%的费用，用于10%～20%的员工的培训上。

企业一般都会将培训预算向公司高级经理和骨干员工倾斜，这样做是合适的。因为很多企业中80%的效益是由20%的员工带来的。另外，高级经理及骨干员工提高了管理及技术水平，可以有效地带动普通员工提高工作能力，这种从上向下的推动，远比由普通员工从下向上推动要容易得多。

这种培训预算的不平均性，可能会导致普通员工的不满。所以在公布预算分配时，最好以部门或培训项目来分配，人均分配数额仅作为培训预算的一种计算方法。

对于企业管理类的培训，培训经费预算应重点集中在企业的高层经理上。这主要和管理本身的特性有关，因为只有企业的高级经理才能成为企业管理理念的传播者和管理方法的创新者。对于中层管理者和普通员工而言，他们更倾向于去适应自己上级的管理理念和管理方法。所以提高高层经理的管理水平，对提高企业整体的管理水平具有决定性的影响。

对于技术类培训，培训经费预算应该集中在公司骨干技术人员身上。对技术培训的投资会使技术骨干们获得个人能力的成长，这是对技术骨干最有效的激励。另外，技术骨干由于对技术非常精通，所以当他们将自己的所学向其他技术人员进行内部传播时，成功率较高。

解决预算与计划冲突的方法

培训预算往往会与培训计划产生冲突，最主要的冲突是培训经费预算无法解决培训计划所涉及的培训，当然也会有培训预算费用花不完的情况。这里只讨论前者。

当企业需要费用紧缩时，往往会首先想到削减培训预算。让企业培训经理最头疼的事情，可能就是要用削减后的培训预算去完成原定的培训计划。解决这个问题最有效的办法是加强企业内部培训，要知道，企业内训的费用只是外训的一个零头。

加强企业内训，关键是在企业中寻找到相关专业知识的传播者，并在企业内部建立起专业知识传播机制。有时，我们需要进行的一些培训，在企业内部就可以找到培训老师，如果我们把这些员工稍加培训，就可以发挥很大的效用。另外，在进行外派培训时，可以让受训人员及时将学习到的内容在企业内部传授。

加强内训，一方面可以大幅度地降低培训成本，另一方面可以加强外派培训人员的责任感（由于需要内部讲授）。

培训计划的实施与控制

培训计划拟订好之后的工作，就是培训者如何去实施了。

一般而言，计划实施过程可分为以下几步：

（1）做好培训准备。按照拟订好的计划，一一执行。包括培训器材、人员、时间、学习者等都要安排妥当。

（2）合理安排好培训进程，注重每一次培训都要有独立的学习目标和学习重点。前后要衔接，重点要突出，而且时间必须要安排得当。

（3）发出通知。要确保每一个应该受训的员工都收到通知，因此，最后有一次复核，确保每个人都确知时间、地点和培训的基本内容。

（4）组织培训。在计划好的时间、地点，企业培训人员对学员进行培训，并监控整个培训过程，做好培训记录，待培训过程结束后进行评价。

（5）实施中反馈。在培训计划实施过程中，可根据学习者的要求，适当进行调整，以保证培训效果。

（6）根据实施结果，修正培训计划。一项培训计划制定和实施后，是否可以重复使用，就得看其实施的效果。一般都会做出一定的调整。

培训者们需要构建培训计划，以便使计划能顺利地进行。好的计划包括：培训教师、后勤保障者、综合协调者的介绍；材料的组织，若有意外时可用的预备方案；休息和放松；保证学习者掌握好的习惯和方法，等等。

充分了解培训者和培训的有关情况

学习者总是希望知道执行培训的人员、培训的后勤工作，以及所在企业的综合协调等情况。所以对培训者介绍是十分受欢迎的，不管介绍是由他（她）自己进行，还是由计划的协调者进行。

介绍应包括培训者的身份、现在的工作职位、在培训方面的成就，以及在当前培训项目上的专长等。著名的培训老师应由企业中层以上的负责人介绍，因为这样一来可以显出培训者的卓越之处，也可以反映有利于培训人员的详细情况。

在培训执行者被介绍之后，后勤方面的考虑应该随后进行。新学员应该被告知以下信息：每次培训持续的时间和休息时间、场所，封闭式培训所提供的住宿条件，该培训计划的日程和课程安排，培训结果的评估，培训信息的反馈，受训期间的工作安排等。这些环节的具体内容必须告诉学习者。

学习者的自我介绍是许多计划的一部分，但不是所有计划必不可少的。自我介绍可以简单地通过介绍姓名和工作逐一和大家认识。当自我介绍不仅仅是介绍自己时，他们的介绍可以集中到培训任务上，自我介绍也许会多花一些时间，但它使学习者可以相互了解，也给培训老师提供了一个有价值的信息源。

培训内容的分发和组织

培训材料的清晰组织对学习者容易地接受信息知识是至关重要的。对任何培训计划来讲，书面的日程安排都是必要的。日程安排不必全部复印分发，也可用幻灯片显示。在墙角的黑板上写清日程安排，让学习者可以看到，此办法同样有效。哪些课程已经进行和将要进行的公示十分有必要。培训老师永远不要担心该计划组织得过于详细。

应该尽可能地给学习者提供机会和工具让他们自己管理自己的学习。学员们自己控制自己叫自我实现。有些讲授的方法，比如问卷调查、自我评价、独立练习、自我训练和经细心计划的讲授形式，都强调自我实现。

组织培训计划时也可以通过提一些合适的附加问题，并且留出一定的思考时间的办法强调自我实现。比如，模拟小组的办法就是要求学习者评价自己的知识、感觉、价值、想法，然后听别人对自己的评价，与大家共享。培训计划的组织对增强学习者的学识和反应能力很重要。增强学习者为自己组织整理信息的能力，将大大延长学习者对培训内容的记忆，并且可以促进学员能力的提高。

培训预备方案

现实中可能有很多因素会影响原定的计划不能得以实现。如果不对这些因素加以考虑，并拟订预备方案，一旦发生意外就可能影响整个培训过程的进行，因此，预备方案是必要的。

如果从外部请来的培训者的日程安排已经得到了本人的确认，那么培训者绝大多数情况下是会出席的。但必须防备万一培训老师不能出席的情况。后备计划可以很简单，可以仅仅是一个作为替换的练习。

有时给请来的培训老师准备的问题可以由学习者自由解答。如果可能的话，日程安排中的下一项可以被提前。后备计划不要太宽泛。通常几分钟冷静思考就会使安排足够保险。

设备也可能引起麻烦，但在培训开始前检测所有设备，一般都会消除隐藏的问题。再次强调，如果万一后勤出了问题，可用几分钟替换计划的思考以使培训继续顺利进行。

如果培训老师在培训中的进度大大超过了预期的计划，就出现了一个时间的问题。为了用掉多余的时间，培训应计划一个附加的活动，使学习者从另一个角度重新考虑培训材料。培训老师应事先在他们认为将有时间进行的活动之外至少多准备一个活动。

培训课余活动

在进行了一段时间的紧张培训课程之后，可以安排一定的课余活动，缓和一下学习者的紧张神经和情绪，并且可以达到调节气氛的作用，有利于下一阶段培训工作的顺利进行。

这时培训者可以选择一些轻松的小游戏，比如猜谜语之类的，充分调动大家的参与欲望，把注意力从培训课程上转移开。另外，培训者还要注意游戏的趣味性，使得参与游戏能够放松大家的神经，营造一种轻松活泼的气氛。

创建良好的培训习惯和培训纪律

良好的习惯是培训老师和学习者共同的纪律。培训老师应准时上课、按时下课。不要随意延长课堂时间，除非学习者每个人都能理解并且同意延长课时。

手机会干扰课堂气氛。现在越来越需要制定严禁在教室里使用手机的规定，以防止它们影响学习者的学习和干扰培训老师的注意力。培训教师讲课前应要求将手机在上课时间内都关掉。

培训老师在上课开始前可以快速检查一下要求学习者准备的阅读、作业或相关问题。这样的检查会督促学习者的学习，并且给培训老师一个有用的反馈。

测验是另一种形式的约束。在很多情况下，以标准分衡量学习效果的考试是必要的。测验也可以是其他较宽松的形式，其目的也不过是督促学员集中注意力学习。在培训结束前要求学习者在课堂上写一篇论文，即使论文不打分，也会有助于学员对所学东西的消化吸收。不管测验的形式是什么样的，应给学习者许多机会，让他们充分发挥自己所学到的知识和才能，以体现培训的效果。

培训良好的讲授秘诀

进行培训要求注意到每个细节，并且强调有效的信息交流、排除干扰。一个受学员欢迎的培训教师非常善于运用风度、音色、幽默感、可视辅助材料、知识，以及熟记学习者的姓名等等因素，并且尽一切可能活跃课堂气氛，给学员留下深刻的印象。

1. 演习方法

没有什么可以替代试讲培训课，而这种提前演习也可有多种形式。为培训写一个详细的教案是一种准备的方法，教案不应直接生硬地念给学习者听，但它确实很有帮助。而且能对以前讲过的东西作一个很好的回顾、回忆。课程计划通常包括一个重要的演习指南。

尽管读课程计划很有用，讲课只有通过试讲才能真正准备好。若能在听众面前试讲（哪怕只有一两个人），那也是非常有用的。把试讲录下来能提供反馈，但培训老师不可能把整个培训计划的全过程都录下来。此外，小规模试验性质的计划也是一种形式的演习。

2. 讲课时的风度

微笑会使别人放松并且表示友好。当培训老师讲授新的内容时，或他们自己对讲授还不十分老练时，他们经常忘记了微笑。为了提醒自己微笑，培训老师可以在课程计划上提示自己。一般经过演习，微笑会变得容易一些。

形式僵硬，尤其是由于紧张造成的僵硬，会使听众厌烦，并且影响讲授内容的效果。一些培训老师应避免不好的形式，如手势过多（或根本没有），走来走去（或纹丝不动），前后摇晃，像抓救生艇一样抓住讲桌，站着时两腿交叉，不看听众，擦刮桌子，把手放在口袋里，弯腰驼背，等等。进行一次录像的彩排，或者请有经验的公开演讲者鉴定一次，会帮助培训老师发现并克服他们自己讲授时的种种问题。

3. 恰当的提问

培训者死板的单向讲授可能会使学习者感到厌倦，并且容易感到疲惫。这时培训者可以穿插一些小问题，引起大家的思考。适当地刺激一下大家的神经，提起学习者的兴趣，还可以激发大家讨论某个问题的欲望，有利于更加深刻地理解某个问题，使课堂的气氛不过于沉闷。

4. 幽默感

培训者应该充分调动自己的幽默感，特别是遇上新听众或进行新材料的讲授时。培训老师也许认为把讲授中的幽默全部去掉更安全一些，但学习者通常更喜欢幽默。幽默可以采取笑话、小故事的形式。笑话和故事可以使所学习的知识记得更深、更久。

幽默需要培养，并且融入讲授内容中。能用好幽默是困难的事。一个十分专业的培训老师会用几乎跟准备讲授材料一样多的时间准备他们的幽默。因为大多数学员还是喜欢有幽默的讲授方式。搜集有用的笑话要把握好范围和适度。用幽默一定要小心，离题的笑话会使学员失去对培训老师的尊敬，尽管也许笑声还在继续。

5. 时间的把握

在讲授中保持正常的节奏，既不能太快，这会使学习者跟不上进度；也不能显得拖沓，这会让学习者昏昏欲睡。做到这一点即使对熟练的培训老师来讲，也是很有挑战性的。掌握好时间不是要快速地过一遍所有的材料，而是在有限的时间里提供学到更多知识的机会。掌握时间实际上是一个需要灵活判断的问题。当学习者的知识、技能、涉猎很广时，掌握好时间的难度就更大了。这种情况下，培训者往往会海阔天空地发表长篇大论，而忘记了所要培训的内容。

当培训内容经过充分的准备，并且教案事先已经写好时，掌握时间会容易许多。特别需要注意的是，培训教师掌握好讲的效率和学的效率之间的平衡是一门艺术，是需要在长期的教学实践中积累的。在短时间里，单纯的讲授是一种传递信息非常高效的方式，但若很长时间应用，它的效率就比较低。因为这会使听众产生厌倦情绪。相反，讨论的方法可以通过思考、个人观察等练习方式鼓励学习，但若过分应用，会显得单调、循环、令人困惑。培训者必须自己琢磨总结怎样结合各种方法，以使讲授不跑题和能按时完成。

用多种讲授方法会使讲授生动起来。多种工具和色彩的应用同样会刺激听众，并且使学习者感觉培训正在一步步地走向其目标。精心安排的时间表里的多个短时间的休息和课余活动，会使学习者感觉培训是有目的而且轻松的活动。有时学习者个人的休息、放松，也会使他觉得教学进度更合适、更舒服。

最后要特别强调的是，培训者对该计划的热情和学习者对该培训的兴趣，是整个培训计划和过程中最为重要的环节，也是决定培训工作成败的关键因素。

培训时应注意的问题

在实施培训计划时，有些关键的步骤是不可忽视的，否则将影响到培训的效果。

1. 充分准备

永远不要低估准备的重要性。细心地计划会避免更多的问题，甚至一些意想不到的突发事件。准备工作包括培训材料的确定和选择、培训方法的选择、培训教师和学员的选择、后勤保障（诸如时间、地点的安排，教学辅助用具的准备）等。

2. 培训效率

培训老师实施中关键的一环，就是要提高授课效率，调动学员的积极思维，作为一个优秀的培训者，要努力、精心设计每一堂课。授课时注意与学员的沟通交流，要充分调动学员的积极性，集中学生的注意力，避免照本宣科，漠视学员的态度等。

3. 学员参与

在培训过程中调动学员参与的积极性，是使培训工作取得成功的关键之举。当一个成人学员全身心地投入学习的时候，学习过程就开始了。学员的参与程度越高，学习效果就越好。

调动学员参与的方法有很多，例如提问；进行体验性操练，开展角色扮演；记住每一位学员的姓名并使用它们；在培训中提供信息反馈；让学员参与讲授；让学员示范操作；结合做一些书面练习；签订学习合同；利用专项测评表更深入地了解学员，进行个别访谈；用实时、实干的方式进行培训，等等。

4. 培训结果的考核

没有系统的、科学的和严格的考核，就无法检验培训工作的成效。培训考核有两种方式：

（1）培训结束时要进行考核。对于学习的课程进行考试或考查，结合学员平时的表现做出总结鉴定，或让每位学习者自己做出总结，回顾自己在思想、知识、技能、素质、纪律上的进步，与培训成绩一起放进人事档案。对于业务操作和技术技能方面的培训，则可将学员培训前后的水平进行比较，以确定培训有无成效，成效多大。

（2）培训结束后对回到工作岗位后工作的评价。学习的目的在于应用，培训结束后的工作表现，是检验培训效果的更直接的证据。此时工作考核的主要内容包括思想上有无进步，对企业文化的认同感有无增加，工作态度和作风有无改变，业务能力有无提高，工作效率有无增进。最后综合起来判断培训目标是否达到。

现代社会的激烈竞争使得每一个企业员工都非常重视自身的能力和素质培养，使得员工在评价自身所处的企业环境的时候，把员工培训放在很重要的一个层次上加以考虑，这也从另外一个方面说明了培训工作的重要性。

CHAPTER 04

第四章

培训的内容与方法

员工培训有哪些内容？培训的方法又有哪些？企业管理者在组织员工进行培训前，有必要系统地学习这两个问题。

培训的内容

培训的内容，我们可以从企业文化、学习型组织、团队精神，以及员工能力这四个方面来阐述。

培训打造优秀的企业文化

企业文化是在一定的社会历史条件下，企业及企业职工在生产经营和企业管理中，逐步形成的观念形态、文化形式和价值体系的总和。

优秀的企业文化对于一个企业的作用是不可估量的，它能够对企业的各个方面产生非常积极的作用。这就是为什么世界上很多经营非常成功的企业都拥有自己鲜明的企业文化的原因。

在企业文化的培训过程中，培训者首先需要让员工对于自己所在企业的文化有一个清醒的认识。在一个企业中，企业文化以各种不同的方式，在各种不同的方面表现出来，例如通过企业的工作方式，其中包括企业的管理和领导风格、员工的工作理念、互相交流的方式、企业的规章制度、绩效评估方法、激励和晋升的方法等，以及一些表面上的特征，例如员工是否统一着装、服装的颜色和式样、企业各部门办公房间的安排，以及体现企业精神的宣传用语。

培训者可以组织学习者对这些方面作一定程度的调查和讨论，对企业历年的目标和政策，从以往的老资格员工的行为方式，从企业的经营计划中发掘出企业的核心价值观和共同信念，并注意通过阐述这种文化带来的巨大利益，来培养员工对这种企业文化的认同感。

培训者需要从文化的功能、组织性或者地域性的角度来把握企业文化的实践和培训工作。在培训过程中，培训者要以一种最佳的方式把这些文化框架与培训内容加以结合，培训工作是否成功，则要依赖于培训者在不同文化之间建立联系的能力，以及培训者积极地将这种联系转化到培训学习中的能力。

培训建立学习型组织

所谓学习型组织就是它的每一个成员都在不断地探求其工作方式的最佳途径，并尽最大努力去实现个人绩效最大化和实现自我价值的目标。在学习型组织中，每一个员工都是学习者，每一个员工都互相学习，并强调这种学习的持续性，通过这种学习来促进组织的不断进步。

学习型组织具有三个特征，即鼓励并提供学习与创新的条件与环境；整体上接受和吸收新观念的开放性；组织具有整体目标导向。学习型组织能够不断地审视组织内成员行为的具体内容，并根据成员间相互分享的内容，来获得大家所关心的信息。

学习型组织是对员工进行在职培训，而传统的脱产培训不再是员工培训的唯一途径。脱产培训能够使得学习者有充足的时间和精力来接受培训，但容易使培训内容和实际需要脱节，并且这种方法的成本太大，往往要耽误企业的正常生产运营。在职培训的方式能够较好地解决这些不足，这种方式能使员工在实际工作的岗位上，直接接受相关内容的培训和学习，然后直接用于实际工作，避免了脱节的现象。

如果每名员工都能通过工作来进行学习，那么通过工作上团结协作的配合和私人间的交往，就能够实现集体学习的效果。因此，认真采取在职培训这种方法的企业，通常可以达到学习型组织所具有的某些效果。

例如，培养一流的工作团队，使得组织工作内容更加丰富，员工的自我满足感和成就感得到加强，等等。建立学习型组织应该成为现代企业管理的目标，而学习型企业的最终目标，就是要促进任何一个岗位的企业员工，都能够主动开展自我学习和与同事的共同学习，进而提高每一个员工的工作绩效，最终达到提高企业经济效益的目标。

培训提升团队精神

对于一个现代企业来说，建立一个高效、团结、协作的工作团队，往往成为企业在竞争中取得胜利的根本保证。无数知名企业兴旺发达的实例证明，优秀的工作团队是企业的一笔不可或缺的宝贵财富。

在团队精神的培训过程中，培训者必须努力创造出一种局面，这需要所有学习者紧密团结、通力合作，否则就无法使面临的问题得到解决。但是在这种情况下，也不会是每一个学习者都能够全力去寻求他人的配合，并且给予他人最大限度的协作，这时就需要培训者采取各种方法，包括一定的奖励和惩罚措施，使问题的提出变得更加具有吸引力和说服力。

在团队精神的培训方法上，现在所通行的是角色扮演法。这是一种被广泛用于各种培训工作的方法。对于团队精神的培训来说，角色扮演法可以让学习者了解，在团队合作中搞好关系和沟通信息的作用和重要性，并且学会其中的许多技巧。

角色扮演方法能够增进团队成员之间的感情和合作精神，并且可以用以研究各种局面下团队成员的不同行为方式，从而使得团队中每一个成员都能不同程度地提高自己与他人的沟通能力和感情上的相互理解能力。

培训提高员工能力

在在职培训过程中，员工能力培训也是很重要的一环，一群有很强工作能力的员工，对于企业来说是一笔巨大的财富。一个员工的能力就是他或者她在工作中取得的绩效所需的基本技能、基本知识和工作态度。

现代企业中，员工的能力培训已经得到广泛的重视。企业的领导者不断地强调具有较强工作能力的员工对于企业发展的重要性。能力培训的工作也在绝大多数具有远见的企业展开。

能力培训是学习者获得和提高某个方面的特定能力与知识、技能的过程，以及这些技能的不断强化应用，以达到工作岗位的企业或行业标准，继而达到提高员工的工作绩效，最终达到提高整个企业绩效的目的。因此，能力培训过程相当灵活，允许学员采取不同的途径获得能力。

能力培训比较重视培训的结果，也就是能力提高的最终体现。这与传统培训的风格是截然不同的，在方法上也不同，传统方法更加注重知识的获取，而能力培训强调获得知识后的能力的表现与发挥，这种转变是以一系列原理为指导的。传统的教学参照整体水平，将学员分为不同的级别，而能力培训更着眼于能力的展示，而不注重个人在整体中的相对水平。

能力培训和传统培训的另外一个根本区别，就在于前者更加注重学习成效，而不强调培训形式。能力培训的关键是学习者是否掌握了必要的能力，而不是他们是如何获得能力的。培训程序主要着眼于帮助人们建立起学习的习惯和正确的学习方法，而不是传授某些具体的技术和方法。

另外，能力培训重视的是所学技能的灵活运用，能力应该能跨越人为的界限，在不同国家、不同企业、不同工作的不同环境和要求下，仍然可以顺利地完成各项工作。同时，由于我们着眼点在于学习的成效，学习的方法和途径具有极大的灵活性。人们可以在不同的状态下学习，采用课堂教学以外的各种方法，利用各种途径包括阅读书籍报刊、收看电视录像等非正式的学习方法。

这种灵活性能够使人们的非正式学习成为一个有效的过程。能力培训主张，只要学习者能掌握并运用能力，学习的途径是无关紧要的。人们经过自我指导式的学习过程之后，通过培训考核或者回到工作岗位上所取得的工作绩效，就可以看到学习的成效。

能力培训非常重视学习者能力的运用，因此必须对学习者培训之后的结果加以评价，并认定是否达到了培训的预期效果。由于学习方式和途径不同，因此，培训部门或者领导者针对用来判断能力的评价方法必须认真研究和规划，确保该方法能够衡量学习者的实际能力。

评价方法必须客观可信，也就是说，每位评价人员对同一个人的能力所得的结论一致。评价方法必须有实际意义，即确实衡量了其评价对象的真实能力。适当的评价包括自我评价和等级评价，适当的评价方式就是要鼓励合理地运用这些评价方法。这些方法能够使得评价工作的成本较低，并且鼓励学员持续将作为个人责任的结果连续反馈。直接在工作中观察其实际效果，可能是评价能力的最佳方法。

在能力培训中需要注意的一个问题，即能力培训的工作可以在一个员工进入正式工作状态前进行，这种认识使培训起点的设置更为灵活。人们不一定必须从开始工作时就开始接受培训，到完成工作时培训工作才结束。能力培训的一个特点，就是员工可在培训过程中的不同阶段选择是否开始培训，也可以选择在不同时期完成培训。

与其他方面的培训一样，能力培训也是一个学习的过程，在这一过程中，工作由量化的能力对比来描述，并采用一系列以学生为中心，而不是以教师为中心的学习方法，使学习者获得并掌握应有的能力。学习者可以选择任何状态、途径和时间长度进行学习，直至能运用其能力。要通过合理而有效的组织，来确保培训的效果和训练的针对性。主要包括以下三方面：

（1）充分了解学习的必要性、能力的适应性、质量认证的价值、个人事业发展的潜力。

（2）一般企业或行业对能力的标准有清楚的认识，对本企业的能力标准和要求有一个详细的规划。

（3）对现有能力及其应用的效益，以及未来培训所能够获得的收益论证之后，根据企业的具体要求，对能力培训的课程和内容做出规划。这其中需要考虑员工个人对学习技能的适应性和所学技能对市场的适应性，注重填补技能空白及特定企业要求的培训，按企业需求进行有效培训，按能力定义确定内部及外部培训人员、确定企业对于员工能力的需求和现有员工能力的确切情况，等等。

对企业所需要的能力应从多个角度去把握和发现，这里我们介绍几种比较通行的方法：

1．智力风暴预测法

这一过程是请与企业经营方向有关的专家级人物，如高级技术人员或学校研究人员，从他们各自的角度和立场，对企业工作需求的各种能力作一个模拟性的预测。这个过程通常包括若干次小组讨论或者书面形式来完成，组织者要求这些专家就企业员工的能力发表意见，并且提出自己的看法，这样能够收集到大量有关的信息，将这些信息再提供给专家们做进一步的讨论。然后如此重复，直到专家小组就这一问题达成共识为止。

2. 岗位功能分析

这是另一类小组活动，同样包括一组专家和一个组织者。

这组专家的任务就是研究某一项工作任务或者某个工作岗位，在团队或特定环境下的主要功能及目的。

组织者要求小组的专家们对某个岗位的主要目的进行分析，以判断要达到目的应采取何种行动，并且以此决定完成这项工作任务所需的各项核心能力。然后对于每一项核心能力重复进行以上步骤，逐一加以分析。

每一阶段都重复同样的问题，直至所有的功能分解为基本的要求。当小组对某一项能力要素的描述达到简明扼要，并且不会引起混淆时，就可以接着讨论其中另外一项核心能力。这样就可能逐渐得出所要的结论。

3. 对以往工作总结的结果

在企业的运行过程中，完成某一项工作所要求的能力，总会在以前的工作中有所反映，这时能力培训的组织者和一批专业人员就会对这些以前工作的运行情况进行总结，并确定所需要的总的能力范围。

一般而言，工作能力描述包括数个主要的说明，具体数字则根据具体工作情况会变动，描述的目的是将企业和工作岗位的能力需求转化为量化的数据。确定能力的范围和定义后，接着要将每一个描述的结果确定其核心技能、知识和工作态度。

4. 组织开展能力培训工作

这个阶段要明确企业对员工技能和知识的要求，认定改变时所需要的能力，通过各种手段推进培训工作，并且要求通过培训工作使得员工得到个人能力的充分发展，这种培训的结果让员工不仅限于某一个或者某几个工作岗位，而是能够很快地适应新的工作和岗位。

5. 对能力培训工作的结果进行评估

这个阶段要根据已经明确定义的能力标准，对经过培训后的员工的工作能力进行评估，对培训过程提供客观的评价和信息反馈。这个过程要注意以评估企业所要求的能力为标准，使得培训成果的评价更客观可信。

能力标准可以用于设计培训项目。标准是对企业所需的核心技能、知识和态度的描述。能力标准构成了培训项目的基础，指导培训者决定培训内容，也可帮助企业的领导者和培训组织者决定为学习者提供何种学习和评价方法。

阶梯式培训

任何一个稍具规模的企业都会有高级管理人员、中级管理人员、基层管理人员，以及非管理人员，如普通员工。企业培训也要根据人员类别进行针对性培训。这种从高到低的培训系统称之为阶梯式培训。

据美国通用电气公司的统计，通过提高发电机能力的方法，增加企业发电能力的5%，需要花费相当多的时间和金钱，但通过改进和提高经营管理的方法，无须花费多少金钱就可以达到提高发电能力5%的目的。所以，发展和提高企业管理人员的经营管理水平和能力，是使企业提高生产效率和获得较强竞争能力的最理想、最经济，也是最根本的途径。

培训管理人员的内容与方法

作为管理人员，都需要学习和训练诸如计划、组织、领导、控制、沟通、协调、激励等的能力与手段，但因为工作层面的不同，所需学习和训练的内容也应有所侧重。

如何针对不同层面的管理人员来实施不同的培训内容，是目前大多数致力于培养出色的管理队伍的企业亟待解决的问题。

近些年来，随着市场竞争的日趋激烈，世界各国尤其是发达国家的众多企业，为了在竞争中求得生存和发展，普遍增强了人才意识，并纷纷推出了各种行之有效的管理人才培训方法，颇具借鉴价值。这里介绍以下几种主要的管理人才培训方法：

1. MBA

二十年来，企业管理硕士早已成为不少人心目中的一颗明珠，在高等学府拿到这一学位的人，大多成了企业求之不得的管理人才。因此，已有越来越多的名牌大学开设网络“远距离教学”，以便让那些分身乏术的管理人员进修学习，从而提高管理水平。

2. 主管课程

最能与MBA相互搭配的就是短期的企业管理培训课程。它是向实际经验丰富的资深管理者（包括最高主管在内）提供3～4个星期的课程，针对特定专业项目的不足，如资讯科技、金融、保险知识等进行强化教育。灵活一些的学校，更会针对经济全球化与企业资产重组之类的管理热点问题，开设专门的主管课程。

3. 管理培训

许多亚洲企业深信，加强企业的管理培训有助于降低员工流动率，并提高他们的忠实度和生产效益，因而纷纷大量聘请培训顾问。顺应这种需求，越来越多的西方管理顾问则纷纷东来，投身到中国、印度尼西亚、印度等发展中国家。

4. 资深主管传授经验

新进管理行列的人，就像有天赋的运动员一样，在教练的指导下会表现得更好。于是，有远见的企业往往会为那些优秀的年轻管理者预先做好安排，让一些资深主管成为他们的“师傅”，对其进行言传身教。这样不仅有利于他们的成长，而且有助于人才的交替与承接，无疑对企业是大有裨益的。

5. 跨国文化培训

企业全球化的策略再好，但如果派驻国外的管理人员不能熟悉和掌握当地文化，那么成效必然会受到很大的影响。因此，许多企业事先安排了专业顾问，为准备驻外的管理者进行特定的行前教育及跨国文化培训。

6. 团队培训

以团队方式作业的企业所培训出来的管理者，其思考和行动常常不像被管理者的上司，而更像教练。许多现代企业对于自发式工作团队都抱有很大的希望，认为可以创造出没有传统式管理的组织来。

7. 时间管理技巧

一个不能管理时间的人，就不能管理好自己；而不能管理好自己，也就不能管理好别人和企业。因此，时间已经从简单的日历和时间安排表发展成为一门学问。为了提高企业效率，许多公司要求所有的管理人员使用同样一套时间管理系统，甚至会有专家来教你如何更有效地运用上班时间。

8. 形象训练

一个优秀的企业管理者光有素质和内涵是远远不够的，还要加上良好的形象塑造，这样才能给员工、顾客、股东和社会公众留下深刻且良好的印象。于是，近些年来出现了一种“形象顾问”，运用教学录像等方式进行声音训练，以及穿着风格指导等，以帮助管理者重新塑造形象与增强自信。

9. 自我发展与个人成长课程

近年来，在亚洲部分企业中开始流行个人成长课程的培训形式。不少开明的企业纷纷派出管理人员参加各种个人成长课程的培训，让他们对自己的内在潜能有更为透彻的了解和发挥。

10. 主管压力辅导

压力常常也是成功的帮手，因而更需要加以辅导。在压力面前，有的人应对自如，但有的人却备受困扰。如今有了主管压力辅导专家，关心管理者身心健康的企业也愿意负担这部分费用。除了心理压力辅导，不少企业还付费给管理者，鼓励他们积极参加各种运动俱乐部，因为身体和心理健康的主管人员，更有可能完成其经济指标并创造显赫的业绩。

培训高层管理者

高层管理者是负责整个企业资源运用及经营成效的高级人员。因为其承担着企业有关规模、一体化、多角化、成长以及创新等任务，所负担的责任特殊，面临的挑战艰巨，显然不同于组织内其他部门或阶层。总的来说，高层管理者所关心的是组织整体的绩效和经济效益，即应该关心整个组织，而不应将其精力花在个别部门或其他日常事务上。

作为企业的高层管理者，必须清楚其本身所扮演的角色，明确自身的职责所在。高层管理者的主要责任包括：

（1）追求企业使命；

（2）慎重思考企业机构设定标准及形态，以及企业的组织结构和组织设计；

（3）培养企业未来的人力资源，尤其是高层人力资源；

（4）与外界建立并维持良好关系；

（5）参加各种“仪式”和“典礼”；

（6）在企业遭遇重大危机时，充当企业的“备用工具”。

上述这六项责任，只有能够了解并纵览企业全貌的高层管理者才能承担得起和办得到。

从企业的“领导中心”的观点来看高层管理者的责任时，其主要的职责体现在：

（1）为企业提供一个理想，指引一个前进的方向；

（2）企业内各成员诚信服务及所选择的策略趋势；

（3）调和各部门的冲突和偏见。

从工作范围来看高层管理者的责任，主要有规划、决策、组织、用人、导向、控制、创新和社会责任这八项。

由于高层管理者是企业的掌舵人，他们应该具备广阔的视野，能系统地把握当今全球的社会、政治、经济形势，深刻理解和洞察企业内外部各种因素的作用，从全局观点提高企业的战略、目标、方针及进行创造性的规划、决策、控制，提高组织的活力和绩效。

对高层管理者的培训应该侧重于观念、理念方面，而不是业务、操作方面。企业可以根据其高层管理者的实际情况，为他们开设经营管理高级研修班，强化决策层所必需的高级工商管理知识，让其有针对性地学习现代企业管理知识和技术，有必要还应该系统地学习现代市场营销、人力资源、金融财务、信息管理等高层次业务知识。

对企业高层管理者的培训课程，其主要内容可做如下设置：

1. 企业所处环境和国内外形势的介绍

（1）宏观经济环境和趋势分析；

（2）各级政府的各项政策法规（投资、税收、劳动、人事、财政、金融等政策法规）；

（3）行业状况；

（4）市场发展与前景；

（5）新兴科技和产业。

2. 经营思想的探讨

（1）经营哲学；

（2）管理模式；

（3）企业宗旨；

（4）企业文化。

3. 企业发展战略研究

（1）如何造就企业的核心竞争力；

（2）战略思维和计划；

（3）内部资源分析（经营分析、财务分析、人力资源分析）；

（4）外部机会与挑战分析；

（5）企业产品发展策略；

（6）多元化、一体化经营策略；

（7）组织扩张策略（收购、兼并、股份制、合资）。

4. 对策研究

（1）运筹学；

（2）对策论；

（3）博弈论；

（4）卡普苏吉尔的危机管理一览表。

5. 组织设计和用人

（1）激励理论及实践；

（2）内部授权和责任；

（3）劳资关系；

（4）人才开发和接班人计划；

（5）组织的人性化；

（6）管理的多元化；

（7）未来组织的发展趋势。

6. 控制和影响

（1）权力结构的建立和维持；

（2）有效的控制机制；

（3）信息管理系统和电子商务系统的引入。

7. 企业现代管理技术

（1）战略管理技术；

（2）综合规划技术；

（3）预测决策技术；

（4）人力资源管理技术；

（5）财务管理技术；

（6）生产作业管理技术；

（7）物资管理技术；

（8）质量管理技术；

（9）信息管理技术。

8. 个人能力和修养的提升

（1）企业家精神；

（2）个人权威和影响力；

（3）人格魅力；

（4）现代管理思想；

（5）领导艺术。

9. 企业社会责任探讨

（1）环境保护和可持续发展；

（2）如何将社会责任转化为企业机会；

（3）企业的公共关系。

高层管理者的培训主要采取高级研习班、研讨班、报告会、自学、企业间高层交流、热点案例研究讨论等形式，也可以进行在职高等学历教育和MBA、EMBA或有计划地选送出国考察、业务进修。但要注意防止走过场、混文凭、公费旅游等现象的发生。

培训中层管理人员

中层管理人员主要包括由企业各级、各职能部门管理人员组成的经理群体，他们承担着企业日常经营中包括计划、供应、技术、质量、设备、动力、财务、销售、人事、教育、情报、计量、后勤等各种职能的具体的计划、组织、领导和控制工作，是企业的“中坚力量”。

1. 中层管理人员培训的内容

对中层管理人员培训的主要内容是开发他们的任职能力，使他们具备关于企业内外形势的认识和发展观点，提高他们关系业务的决策能力、计划能力，使他们深刻理解现代经营管理的体系和经营活动中人的行为，提高他们对人的判断和评价能力，以及与人的沟通交流能力。

对企业中层管理人员的培训课程，其主要内容可做如下设置：

（1）本企业的目标和当前的问题；

（2）本职位的权力、责任和权限；

（3）企业年度计划和自己应起的作用；

（4）企业计划管理方案和实现目标的技巧；

（5）企业的组织结构与决策流程；

（6）专业技术知识的提高；

（7）如何创造性地解决经营过程中的具体问题；

（8）环境诊断方法及工具；

（9）市场分析，顾客研究，同行情报；

（10）经营核算的基本知识；

（11）如何做好预测；

（12）如何制定目标；

（13）如何制定政策；

（14）如何编排进程；

（15）如何制定程序；

（16）如何编排预算；

（17）如何组织；

（18）如何健全组织结构体系；

（19）如何有效授权；

（20）如何协调；

（21）如何领导；

（22）如何启发；

（23）如何做决定；

（24）如何激励；

（25）如何指导和培养下属；

（26）如何控制；

（27）如何建立工作标准；

（28）如何编制进度报告；

（29）如何评估工作成果；

（30）如何纠正工作偏差；

（31）如何进行变革；

（32）现代综合管理技术；

（33）如何管理不同类型的人；

（34）如何管理有问题的人；

（35）工作协调和部门间协作；

（36）有效的冲突管理；

（37）劳资关系处理；

（38）领导行为理论；

（39）情境领导理论；

（40）领导方式评估；

（41）如何从变革中学习；

（42）危机处理程序。

2. 中层管理人员培训的方法

（1）工作轮换。定期改变中层管理人员的工作部门，让他们到各部门去丰富工作经验，扩大对企业各个工作环节的了解。这样做还可以使中层管理者更好地理解相互间的问题，改善部门间的合作。

具体形式可以是只在每个部门做观察员，但更有效的方式是让学习者实际介入所在部门的工作，通过实际工作来了解所在部门的业务，包括销售、生产、财务和其他业务，使职能管理人员“全能化”。

（2）多层次参与管理。将企业各部门有发展前途的中层管理人员集合起来，让他们就高层次管理问题，如组织结构、管理人员的薪酬机制、部门之间冲突的协调等提出自己的建议，供企业董事会参考。这种办法为中层管理人员提供分析和处理整个企业范围内的高层次决策问题的锻炼机会和经验。

（3）在职辅导。由较有经验的现任中层管理人员负责对其直接下属进行辅导，给下属下放职权，提供学习管理的机会，提供帮助和指引。这种方法有助于确保当现任中层管理人员因退休、提升、调动、辞职等离开岗位而出现职位空缺时，企业能有训练有素、熟悉业务的后备人员及时顶替，避免出现青黄不接的问题。

另外，各类中高级管理培训班、脱岗教育等也是常用的培训形式。

培训基层管理人员

1. 基层管理人员培训的内容

基层管理人员是对企业的生产、销售等经营活动在第一线执行管理职能的直接管理者，包括在生产和服务一线中起监督、指导作用的班组长、领班等。由于他们与实际操作员工最接近，其管理水平直接影响企业员工的积极性和对企业的忠诚度。

基层管理人员是工人的技术传授者和督导者，他们不仅要很好地执行上级的指令，更要在自己判断能力的基础上，提出改进和创新的建议。对其培训的内容侧重于提供与实务工作相配合的基本管理方法，提供有效处理第一线日常工作的各种问题的技巧。

2. 基层管理人员培训的方法

企业为提高基层管理人员和基层员工的素质和能力所进行的培训，并不限于对其实施课堂式的教学，而应该引导他们学会自己观察并思考如何从顾客、供应商、企业其他单位或部门的同事，乃至身边的所有人身上学习。汤姆·彼得斯和南希·奥斯丁在他们合著的《赢得优势》一书中强调，企业应该注重将基层员工日常工作和生活中平凡而深刻的点滴小事，转化为员工培训教育的一部分，并列举了一些方法。

（1）基层人员参加一些他们通常不参加的会议，例如，让会计人员参加市场营销和研发会议，让普通员工参加专业会议等，使每个员工都能得到一些有关其他同事工作的第一手资料，这将有助于开阔他们的眼界和心胸，增强他们的互谅互助以及团结协作精神；

（2）企业内部或者企业外部建立"新点子、新主意"俱乐部，经常组织一些鼓励员工提出新创意的竞赛活动，训练他们的观察、思维和创造能力，使他们养成爱动脑、勤动脑的习惯；

（3）让工作一线的成员相互用心地、实时地观察彼此如何处理顾客批评，如何主持正式报告会，怎样到处走走看看，让他们从彼此的工作风格和工作能力中受到启发和影响；

（4）举办由企业基层员工与企业领导共同参加学习的课程和讲座；

（5）鼓励基层员工积极争取各种专业协会的成员资格；

（6）鼓励员工就自己的研究或工作项目主动在企业内外进行介绍或报告，尤其是向企业内其他部门和单位介绍；

（7）创造优厚条件使员工乐于到各种临时的跨部门专项工作小组去工作

和服务；

（8）邀请企业各部门人员到彼此的部门聚会和访问，谈谈彼此需要对方给予哪些支持与协作；

（9）派出150名员工而不是两三名代表，花上整整10天时间去参观某个行业展览；

（10）访问竞争对手，至少找出一处竞争对手比本企业做得好的地方，提出对本企业有用的建议，回来后立即付诸实现。

培训新进员工

事实上，员工经常受到的职前教育不过是一种肤浅的，关于自己的公司的文化、政策、规程所作的介绍而已，再多的不过是向新员工分发一些手册，或者带他们在办公楼或厂区走马观花地兜上一圈。

对于毕业生来说，刚刚进入职场，他们就像一张白纸一样，不同的企业文化会着上不同的色彩和图像。从一个校园学子转变成为企业人，如果想追求员工和企业的双赢，企业就必须重视新员工培训，系统地规划新员工培训。刚毕业的大中专学生，他们面临的将是一个完全新鲜和陌生的生活环境，他们从行为举止到内心体验与感受，都会发生一些或大或小的改变。

而对于那些从另一个单位进入本企业的新员工来说，他们要从一种企业文化进入到另一种企业文化。他们会担心自己是否适应新的工作，是否会得到上司的赏识，是否会与同事们融洽相处，他们在公司的未来发展前景如何等。

对企业来讲，新员工在刚来企业的一个过渡期内，将会依自己对企业的感受和评价来选择自己如何表现，决定自己是否要在公司谋发展还是当跳板，而公司的企业文化、管理行为将会影响新员工在工作中的态度、绩效、人际关系等。

研究发现，新员工在进入企业之初将面临如下3个典型问题：

1. 是否会被群体接纳

每个人都会有这样的感受——进入一个新环境，是否会被这一个小群体接纳？曾经有一个性格有些内向的女孩子在刚进入企业之初时曾说：“在学校时同学们都说，工作中的人们比较难以相处，我也看了不少杂志上的文章反映工作中人际关系的复杂。我现在也很担心，不知道同事们会不会喜欢我，我是否会被别人说闲话，我的私人生活会不会被别人过分地干扰。听说，工作之初有不少同学都为难以与同事们相处而换工作。但愿我能幸运一点吧！”

不难发现，只有当这个女孩的上述疑虑完全烟消云散之后，她才能以一种愉快的心情来充分地展示她的才智。

2. 公司当初的承诺是否会兑现

不少企业为了吸引优秀的人才，在招聘时许以美好的承诺，而一旦员工进入公司，便出现了虚假的情况，或者要求员工的条件过多、给予员工的过少。相对于员工的工作准则、企业的历史及目标来说，他们更加关心自己的工资、福利、假期、发展前景等。只有自己的切身利益得到保障之后，他们才会从心理上打消顾虑。

CHAPTER 05

第五章

新兴技术在培训中的应用

现代社会的新技术不断出现，具有高科技含量的各种新技术转化为现实生产力的时间也越来越短，新兴技术正以前所未有的速度影响着人类的生活。在培训工作中，我们应该认识到引入各种新技术的重要性，这其中包括了多媒体技术、信息交换技术、互联网技术等等。

这些新技术的引进一方面使得培训工作手段的多样性大大增强，对传统的课堂教学方式提出了挑战；另一方面也提高了培训工作的效率，增强了培训工作的效果。随着这些技术的日益成熟，它们对于企业培训工作的巨大价值正日益凸现出来。

不同学者对于应用新兴技术的培训提出了不同的概念，主要有计算机辅助培训、网络培训及多媒体远程培训等。

计算机辅助培训

计算机辅助培训是随着个人电脑的兴起而发展起来的。它主要通过设计一些课程程序和软件，帮助学员在电脑上进行自主学习。常见的电脑辅助培训中，学员可以学到课程内容，并可以对自己掌握知识的水平进行评估，以确定自己下一步的学习。

所以，计算机辅助培训往往是自我适应培训，即学员可以根据自己学习的步调，调整学习进度。它特别适合于一些基本知识和概念的培训。这是应用新兴技术培训中最基本的形式。

计算机辅助培训的具体应用过程是：首先由计算机给出培训工作的要求，学习者通过上机操作做出回答，然后计算机通过一系列的软件程序分析学习者作出的答案，按照一套事先设定的标准在屏幕上显示出某种结果，然后向学习者反馈结果和建议。

计算机辅助培训的主要形式

计算机辅助培训的主要形式就是计算机辅助教学（CAI），即学习者在特定的软件环境下，通过键盘提出有关学习项目的要求，然后电脑接受请求后，把程序计算所得的结果显示在显示器上，学习者根据显示结果评估自己掌握的程度和需要进一步学习的内容。计算机辅助培训包括以下几种形式：

1. 个人训练方式

这种方式适用于基本技能的训练，比如基本词汇、语法，规章制度，专业基本概念知识等。它的运行过程是：先由学习者自学掌握一些基本的概念，然后由计算机通过一定的程序，向学习者提出一系列问题并要求回答，在学习者做出自己的答案之后，计算机再给出正确的答案，并对答案做出一定程度的解释，这样反复不断地强化所有正确的答案，直到学习者达到培训的要求为止。

2. 发现问题方式

这种方式的基本原理就是要求学习者先选出自己原本模糊不清的问题，输入到电脑程序中，由预先编制好的程序加以解决，并一步步把问题引向深入，让学习者对整个问题有一个详尽的理解，并把这种理解推到一个比较高的层次。

3. 游戏培训方法

这种方法是通过在计算机上的游戏程序中设计所要培训的内容，然后由学习者在玩游戏的过程中接受培训。这种方式已经在现实中得到广泛的应用，主要是因为它的趣味性，能够吸引学习者积极地参与。对一些原本枯燥乏味的培训内容来说，这种方式无疑能够取得更好的培训效果。

4. 考试方式

即由培训者将所要考核的内容变成试题输入计算机中，形成一份机上考卷。然后由学习者上机答题，参加考试。最后由计算机根据早已拟订的标准答案进行判定，并立即显示出答题者的不足之处，并且安排在下一次培训中重点进行解答。

计算机辅助培训的优势和不足

计算机辅助培训方式是一种有效而灵活的培训方式。它能够使学习者全身心地投入培训工作，并按照自己的进度按部就班地学习，能充分发挥学习者的主观能动性和参与性。

人们能够按照自己的速度来安排课程和学习资料，利用设计好的方案来检验自己对于问题的理解；能够更加灵活地安排培训时间，利用更大的空间来学习培训内容，这样为员工更好地自我发展提供了机会。这种方式的优点在于：

可以使培训时间和资源的利用程度更高；另外计算机辅助培训的成本非常低，这对于那些规模较小或者正在发展中的企业来说，具有极大的诱惑力。

但是计算机辅助培训也有它的局限性，即这种培训即便是在电脑教室中进行，但学员仍要以个人上机操作的方式完成，这样就使培训内容在一定程度上受到了限制，比如，需要通过讨论会或者集体分析的工作就难以展开。而且由于培训工作往往在工作之余由个人完成，这样就很难保证员工切实有效地完成培训内容，培训效果会受到一定影响。

计算机辅助培训首先要选择购买所需要的设备，其中包括硬件和软件两个部分。硬件就是计算机，用于进行输入输出、信息加工和反馈及各种装置；软件则是控制信息加工过程的程序，分为系统软件和应用软件两类。

购买硬件首先要明确目的，就是购买的电脑用于何种用途，这时考虑的因素就包括价格、实用性、操作的方便程度，以及软件支持、售后服务等。而软件的购买则需要考虑软件的适用性和兼容性，同时，价格也是一个不可忽略的因素。

网络培训

通过互联网进行培训和学习，其主要方式是在网上开设课程主页，将与课程有关的内容放在网上，通过局域网、广域网、个人电脑、调制解调器、路由器等通信技术设备和方式使学员可以在世界范围内浏览某个课程，并进行课程的学习。

随着知识管理系统（KMS）的风起云涌，网络培训已成为企业教育培训电子化的重要趋势。引进各种网络培训系统，也已成为教育培训和人力资源部门近来的重点工作。

目前市场上各种网络培训系统大多已是标准化产品，加上网络培训的XML产业技术标准已经制定完成，例如AICC及LRN。因此，只要清楚了解自身对于网络培训系统的需求，要在短时间内为企业建置完备的网络培训环境，其实并不困难。国内企业最好先从标准化的产品组合开始，逐步建构企业的网络培训系统，再辅以适合本企业的专用系统开发的方式进行人力资源相关系统的电子化工程，方能逐步看出具体的成效。

关于“成效”的定义，因为各企业组织形态及培训对象的需求不同而有不同的解释。一般说来，企业导入网络培训的成效更多体现在培训相关费用的降低、培训时间的延伸、学习效果的延续、培训后员工工作表现的变化。

网络培训的优势

西门子公司是全球知名的电子企业，为了使其分布世界各地的分支机构的员工，能够在短时间之内迅速了解总公司的新技术及新产品规格，特别成立了“西门子虚拟大学”。

通过西门子虚拟大学进行每年为期一周的技术培训课程，主要针对分散于北美各地的1000名技术人员，进行和新产品相关的技术培训。以往该培训需要两周的时间，通过网络培训之后，则没有时间和空间上的限制。西门子虚拟大学从该项培训所节省的经费，每名学习者每一周减少约2000美元，全年合计节省的培训经费约为10.5万美元。

西门子在进行各项网络培训课程后，发现通过网络培训约有90%的课程可以减少90%左右的成本。就企业经营来说，网络培训在成本的控制方面，的确有相当显著的效果。

IBM则成功地将网络培训应用于其称为“Basic Blue”的经理人管理培训课程。IBM总共约有30000名经理人分布于全世界50个国家，参加“Basic Blue”培训课程的学员约有4000名。IBM以往一年花在“Basic Blue”的4000位经理人的管理培训成本约为2500万美元。在应用网上训练后，该项培训成本骤降为1900万美元。

其中比较特别的是，IBM在“Basic Blue”管理训练中，并不完全以网络培训从事教学活动，其中规划了四项结合实体活动的内容：第一，简短的网上参考资料；第二，各种管理情境的模拟状况；第三，小组讨论及合作提案等活动；第四，面对面的讨论及沟通活动。

此外，“Basic Blue”管理培训课程的时间在往常与经理人繁忙的工作日程有所冲突，而导入网络培训之后，这样的问题已不复存在。

不论是西门子的技术性培训课程，还是IBM的经理人管理培训课程，从财务损益表上的数字来看，两者在导入大规模网络培训课程后，在相关费用的节省以及培训时间方面，取得了立竿见影的成效。

另外，对于学习者来说，网络培训还具有以下优势：

1. 灵活选择学习进度

不同的人有不同的能力和知识背景，学习的速度和效果也有所不同，传统的培训无法兼顾所有学员的需要，而网络培训就可由学员根据自己的情况选择学习进度。

2. 灵活选择学习时间和地点

日常工作十分紧张，要员工抽出大块时间去参加培训势必会影响工作。特别是，许多人没有时间到外地参加培训，而网络培训恰恰利用网络通信的优势，使员工能在公司里、家中、车上、餐厅里随时利用零散时间，使参加培训不再是员工的一种负担。

3. 灵活选择学习内容

有些员工已经接受过某一方面的培训，他可以不选择这项培训；或者他也可跳过一些他比较熟悉的课程内容，学习对他最为有用的内容。这给了员工极大的自由，不必在自己已学会的内容上浪费时间。这是传统的课堂培训难以做到的。

网络培训除了利用课程网页之外，还可以通过电子邮件和QQ聊天室的方式进行信息交流和讨论。

企业网络培训系统架构

网络培训的系统架构应包含下列6道系统：

（1）学习管理系统——所谓的“教学平台”，主要负责各种教务及学员资料的管理工作。

（2）虚拟教室工具——各种同步教学软件的解决方案。通过这类工具，可以将老师在教室中上课的实况录制下来，包括声音、影像、操作过程等。

（3）套装式网上教材——可以在浏览器上呈现的网络教材，或是以光碟装载的教材，都属此类。

（4）自学课程编辑工具——提供企业可自行编辑教材的编辑工具。

（5）客体化网上教材——依据各企业的需求，由外包厂商为其量身制作的教材。

（6）网上测验系统——于网上提供自我练习或是鉴定测验的相关程式系统。

完备的网络培训系统架构应该包含教学平台、教材科技、教学多媒体三大类。而在进行网上教学的过程中，则包含了课前评估、课中辅导以及课后评估三大类活动。如果能将上述三大组成部分及三大活动用完备的信息科技辅助进行，就能架构完备的网上教学环境。

目前由于在教学平台、教材科技上投入的厂商众多，可选择的方案也多。企业培训应该着重于各阶段教学活动的设计，包括课前的培训需求分析、教学对象教学模式的设计、受训对象的能力检测、课中的教师引导方式、课后评估的考核，以及如何整合现有的解决方案，以提高学员的学习兴趣及学习效果，才能真正发挥企业建置网络培训系统的效用。

网络培训系统导入的模式

了解网络培训系统架构后，下一步骤便是要考虑企业自身的预算以及电子化程度。根据对于网络培训的需求和期望程度的不同，可考虑以下七种不同的模式来建置网上教学环境。

1. 课程信息公告网站

这是最简单的一种网络培训应用。只要将各种课程的信息做成网页，并与公司网站相互结合，即可轻易完成。当然，较为完整的课程信息网站，应该提供网上报名的机制，并能够动态地公布与删除各种课程信息的内容。

2. 实体课程辅助网站

将若干实体课程的活动搬到网络上进行，例如课后讨论、作业提交等。但老师的教学活动以及各种教材并不需要进行电子化，仍然以实体课程的方式进行。

3. 自我学习之网上教材

提供各种可供员工下载自我学习的网上教材，例如新员工训练、操作手册、新产品介绍、演讲简报等。此模式适合自我学习式的学习环境，网上并没有老师引导教学过程。

4. 老师引导式网上课程

由老师在网上引导学员完成各种学习进度的网上教学环境。教材的导读、测验、讨论、作业等，皆由老师全程辅助学习。

5. 专家答疑社区

教学活动及教材皆不需要电子化，但需在网上提供企业中各领域专家的联络资料，使需要协助的同仁可于网上直接发问及回答各种专业问题。此类应用偏向“小组讨论及合作提案”的群组协同作业系统环境。

6. 独立的网络学院

为企业建置独立的网上网络学院，例如上文中的西门子虚拟大学。企业中的员工可选择类似学校的学习模式，自行选修各种专业学分，该系统并可根据个人化的建议，提供其职业规划以及修习课程上的建议。

7. 认证及网上测验

由企业自行建置或与外部验证权威单位合作，提供各种专业认证课程以及网上检测服务，例如保险经纪人、股票经纪人、MCSE（微软技术认证）、CCNA（CISCO技术认证）等专业认证及模拟测验的网上教学环境。

上述各种模式在目前企业界都已经有比较规范的实际应用，但由于所需要投入的经费、时间、人员等有所不同，各企业必须仔细评估自己对于网络培训期望达到的效果，才能选择最适合自己的解决方案。

建置企业网络培训教学环境已成为各界的共识。国内外许多解决方案由厂商陆续投入市场后，已有许多成功案例可供参考，也有很多标准化产品可供选用。

企业在导入及建置网络培训网站时，除了多参考和比较各厂商推出的解决方案的产品规格及说明外，应该先了解自己企业建置网络培训的实际需求，以及培训活动的特性和预算，综合评估后，再依上述程序选择最适合本企业的导入模式，相信必定能够顺利建置最符合企业需求的网上教学环境。

网络培训建置常见的10个问题

有些企业以为，只要买套网络培训平台，然后加入一些多媒体课程，就是所谓的网络培训系统。其实问题并没有那么简单。以下列出几种规划网络培训系统时常见的错误：

1. 企业商业网络基础环境不够完备或过于保守封闭

这是最基本的前提，在个人电脑及电子邮件普及的环境下，推动网络培训才有意义。在一个因特网基础环境不完整的企业中推动网络培训，是无法达到自我学习、群组学习效果的。此外，有些企业限制员工上网或是对电子邮件账号采取管制，也会大大限制网络培训所强调的自我学习精神和意愿。

2. 以传统课程观念规划网络培训课程

学习的课程规划有其独特性，在设计课时数、教学方法时，不能够使用传统的观念来规划。例如，上课的时间、老师回答学员的问题、引导学习的方法等，都应该针对网络的特性发挥，否则很容易使学员在网络学习中无法收到实体教学课程中老师引导的效果；在实体课程中，又无法体现网络中充分自我学习的优点。

3. 网络培训教材制作应有针对性

如果只把一本书原封不动地放在网络上，相信无法引起学员强烈的学习动机；过于花哨的教材，也有可能造成学习上的困扰。在网络培训教材制作的质量上，必须针对不同需求的成员，以不同的技术来完成。例如高层经理人，尽量以网络媒体串流（Streaming）的技术和同步教学，或是模拟教学的技术来制作技术性操作课程。在教材的制作上，应该针对使用者的需求来量身打造，在购买某一项现成的套装教材课程前，最好要考虑与网络培训平台系统相适配。

4. 与企业运作流程未能充分配合

很少有企业的网络培训只是单纯地提供教材让员工自学使用。大部分导入网络培训的企业希望让学习记录与人事及教育培训的资料与企业生产、工作流程相互结合，以利未来分析使用。越是能与企业生产、工作流程相互配合的网络培训系统，其产生的效益就越大，当然，在技术的复杂度上越高。客体化程度越高，所需要编列的预算就越高。因此，如何在客体化与套装化的网络培训系统间抉择，也是要注意的重点之一。

5. 未能配合人力资源政策或相关规划

就企业而言，虽然网络培训并不像ERP或SCM属于关键业务的系统，但由于与知识管理系统及人力资源系统的相互关联性相当高，因此，必须考虑与企业人力资源政策或教育培训相关的规划，整体加以思考。

6. 过度依赖网络管理人员

网络管理人员应该只在系统建置初期扮演重要的角色，当系统正式上网运作之后，应由教务管理人员及培训老师充分运用各种工具制作自己需要的功能。过度依赖网管人员规划或建置的系统，可能会过于偏重技术细节，忽略了教学模式及实际教学效果的核心功能。

7. 厂商对企业运作流程及整体概念不熟悉

企业在采购网络培训相关系统时，不论是平台还是教材，在选择网络培训解决方案供应商时，最好选择对于企业营运流程具备基本概念的专业厂商。纯粹技术性的开发商或代理商，不一定能为你规划具体的网络培训计划。因此，选择同时具备技术能力、教学能力、对产业及企业运作流程熟悉的厂商，也是重要的评估要点。

8. 仓促采购及建置导致员工对网络培训信心不足

由于网络培训目前已经是企业界的热门话题，因此，不少企业仓促采购及建置系统，虽然很快看到系统建置完成，但重点是员工对网络培训系统的接受度以及满意度，如果只是以完成一般软件采购及建置的观点来处理，势必造成员工对于未来推广网络培训的信心不足，甚至会产生抗拒心理。

9. 未能建立学习型组织文化

要建置网络培训系统，还需要有学习型组织文化的配合，才能发挥相辅相成的效果。企业培训系统上线后，重要的是虚拟学校学习气氛的引导，如未能建立普遍的学习型组织文化，那么网络培训系统便无法发挥其应有的作用。

10. 未能培养专业的网络培训团队

专业的网络培训团队包含了培训老师、教务管理人员、网上教材制作人员、系统管理人员以及教学模式设计人员等。网络培训系统牵涉许多和教育培训及教学方法相关的专业，不是外行领导内行或上级指示下级就能够收到成效的。企业需要专业的培训团队，才能真正发挥网络培训系统的实质作用。

当我们加入网络培训的电子化要素后，实际上学习型组织涉及的各种组织面及文化面的问题，仍然需要依靠人来处理及解决。

学习型组织的目标应该是："强调团队合作、集体协同学习，虚心倾听消费者的心声；让员工参与公司管理，提高员工自我成长的空间，以增进企业文化的认同感。"

如果能遵循此目标，并在导入网络培训的过程中，注意上述各种应该避免发生的错误，相信实现建构一个完美的学习型组织的理想，一定会实现。

思科与新力网络培训个案

跨国企业为了便于训练分散在全球各地的员工．快速提高生产力，纷纷导入网络培训。

思科总裁约翰·钱伯斯曾说："网络培训可以除去时空的限制，并创造一个让人们、公司以及国家可以因需要而学习的机会。”

近年来，企业纷纷导入网络培训软件，希望通过互联网来训练分散于全球的员工，目的在于使企业能够以信息系统有效地提高公司内部沟通，并及时地满足训练需求。此外，通过网络培训，每一位员工也能更容易地分享企业内部知识。因此，这些公司导入网络培训，大多着眼于降低训练成本以及增加信息传播速度。

1. 思科学习网提高绩效与降低障碍

思科是著名的网络设备制造商，为了让员工和供应商能以最快的时间更新产品知识，思科投入巨资导入网络培训。在导入之前，员工的训练由个别的事业单位负责，使得思科重复了许多教育训练的工作以致造成浪费。

思科制定了两个训练计划的基本目标：

（1）重新设计训练方式，以避免不必要的重复工作。

（2）确定人员和组织的学习差距。

思科利用Centra的电子学习软件建立“思科学习网”，以取代传统的教育训练方式。思科学习网不仅可提供各项新产品的教育训练，也可以记录学习者的训练过程以及成果，以便学习者自行追踪训练绩效。

思科的副总裁汤姆·凯利说：“思科学习网是以科技克服传统训练限制的最佳表率，如果你要教100个员工了解新产品，以传统的方式你可以一次训练25个人，需要重复4次。但是倘若你必须在60天内，训练3000名员工了解新产品、新技术和新市场情报，这无疑是传统训练方式做不到的。”

思科学习网运用互联网上互动式的课程，同时播放到不同地区，使分散在各国（特别是偏远地区）的员工能够同时接受训练，这些课程也在特定的时间内重播。所有的训练内容以简报、音像等方式储存于一个集中式的学习资料库中。学习者可依照个人需求选择不同的课程，并在课程后自行接受测验。

根据电脑评估的结果，学习者可以再进一步选择不同的课程进修。过去的学习评估记录亦被储存在个人的训练记录上，并存放在人力资源部门的资料库中。员工所得到的训练成绩也将成为往后升职的考核参考。

思科学习网现阶段的网络培训，强调从“训练者导向”转为“学习者中心”。思科希望将以往由训练者为主、在特定的时间内提供课程的方式，改变为根据学习者个人的需求，在任何时间均可接受所需的训练。

思科尝试建立一个理想的网络培训环境，使每个员工均有一个属于自己的网页，称为“我的未来”。在“我的未来”网页上，员工可以自行设计一个长期的学习计划，并且根据自我的职务、作业范围、兴趣以及学习喜好等，主动地接受相关的学习信息。此外，思科还提供光碟片给那些无法接受互联网训练的人。

思科学习网的好处主要在于提高绩效与降低训练障碍，并给学习者提供弹性的学习时间。例如，在一个重要的顾客会议前1小时，一个业务员可以马上下载20分钟长的产品介绍训练资料，并在屏幕上看到这个产品的规格及详细说明。

如果时间来不及，业务员可以将训练课程下载到MP3，然后在起程拜访顾客途中完成“及时训练”。思科的一位高层主管指出，只有网络培训不再被视为一种学习时，也就是当它变成人们日常工作的一部分时，才会发挥其最大效力。

今天，人们说“我在工作”，但事实上他们可能只是很快速地处理电子邮件，他们不会再说：“我得腾出2个小时来处理电子邮件。”因为处理电子邮件已经变成日常工作的一部分。我们希望学习也变成人们工作的一部分，只有网络培训学员名单中没有自己的名字时，才可以算是真正的成功。

2. 新力训练网快速有效传播知识

网络培训系统，新力称为TrainNet，被客户服务部用来训练各国的技术服务人员。新力于全球共有6个区域服务总部，分别位于日本、亚太地区、美国、加拿大、中国与欧洲。亚太区域顾客服务部管辖了包括泰国、马来西亚、印尼、印度、中东、菲律宾、新加坡、澳洲与新西兰等地的各国（地区）服务总部，各国（地区）服务总部之下分别有数十个服务中心及据点。

更新最新产品的知识，持续地训练顾客服务技术人员是新力的主要工作。例如新力在亚太地区，传统的训练方法是邀请各国的顾客服务技术人员到新加坡的区域总部参加一系列的训练课程，之后这些人员带着产品新知识回到驻在国，再训练国内代理商的顾客服务技术人员。

但近年来由于产品开发的速度变快，产品的生命周期亦相对地缩短，因此使传统的训练方式面临挑战。新力一位资深副经理说："依照传统的训练方式，产品及技术新知识从工厂传播到各国服务据点的时间约需6个月。现在，我们的新产品推出，已经从以前的1年半缩短为3个月，因此我们必须思考如何更快速地传递这些信息。"

新力也是通过Centra在TrainNet上建置了产品技术介绍、网上质量会议、问题发掘、电话服务中心等训练。新力有两种网络培训做法。通常产品或技术新知识由新力各生产事业处传至顾客服务部时，顾客服务部会将这些信息变成网上课程，各区域服务中心的人员可由网上直接取得这些产品信息，并根据当地的需要加以翻译修改，然后训练下游的各服务处人员。

另一种情况是顾客服务部会邀请某些国家服务中心的人员，一起参加生产公司的产品及技术介绍会议，然后经新力将信息分别传播给其他国家服务中心，或是下游各个服务据点。以下是针对新力训练网的三项分析：

（1）降低训练成本

建立新力训练网最明显的好处是降低了训练成本。负责新力项目的一位经理说："因为传统的训练方式必须邀请各国服务中心的人员来到我们这里参加培训，这需要花费很大的成本，其中包括旅行、住宿及出差等费用。

"我们光在亚太地区就有11个各国销售服务总部，1年内我们约有12个技术训练课程，平均训练时间为3天。假设海外出差费用平均每天300美元，旅馆费用平均每天250美元，到新加坡的来回机票费平均500美元，则新力一共帮我们省下了283800美元。"

（2）缩短训练时程以及加速信息的传播

新力使得训练间隔缩短。新力的一位培训经理指出：过去由于训练的成本太高，因此通常会将产品或技术信息累积一定的数量后，才会邀请各国服务总部人员来参加培训课程。通常的训练间隔是4～5个月，现在通过新力可以马上将信息转成网上课程传播出去，所以现在平均1～2个星期就可以开办一个网上培训课程。

此外，新力对于顾客服务部门的帮助更甚于此，这位经理进一步补充说："过去我们的销售部门和服务部门之间的信息一直无法同步，常常新的产品上市后2个月，服务部门还没有这个产品的信息。

当顾客打电话给顾客服务中心询问这个产品信息时，我们通常需要花一段时间来取得相关信息，才能回复顾客。引入电子学习系统后，现在可以在产品上市前4个月就将相关信息告知各国的服务中心，并且要求他们及早准备维修所需的零件。如此一来，他们便可以从容地解决维修上的问题。"

（3）扩大知识分享范围

"新力使得我们发觉以往常忽略的质量问题。"一位质量经理掩不住兴奋之情指出，"在网上质量分析会议上，各国的人员报告他们国内维修服务的项目及问题。当数个国家的服务人员均报告某个产品的特定零件经常需要维修时，这提醒了我们，这个零件的质量可能有问题。

"通过新力，我们可以更快速地记录并汇总产品的质量问题，并且这个系统扩大了员工的参与范围以及会议的频率，这将使我们更容易发觉过去以为只是单一个案而忽略的质量问题。如此，新力亦扩大了知识分享的范围。某国家的服务中心发现，有一个DVD产品的维修一直出现无法解决的问题，他把问题在会议当中公开，各国的维修人员马上就可以根据自己的经验，提出可能的解决方案。"这位质量经理说。

3. 网络培训的问题与挑战

虽然网络培训系统为企业带来许多好处，但是在实施过程中，也存在不少问题与挑战，以下有5项常见的问题：

（1）使用者接受度

首先必须先改变对网络培训的看法。例如，在思科引入网络培训系统时，有许多人怀疑，培训学习怎么可能不通过传统教室的形式来完成。思科一位推动网络培训的主管指出："你必须提醒他们，教室学习的记忆内容在一个星期后只剩25%，而大多数的情形是人们下课后很快就忘了上一节课的内容。

“教室学习最大的好处是提供交新朋友、巩固友谊等人际间的互动，这是相当重要的。但是教室学习绝不是获得知识唯一的渠道。人们需要接受这个事实，并逐渐放弃对教室学习的眷恋，然后我们才能真正以网络培训环境来促进有效的学习。”

（2）内部计价

在一般企业中，出差费用与训练费用在会计账上通常分开计算。对于网络培训的导入，企业必须花费建置信息系统的费用，使用这个系统的好处却是散布于各个单位。如何摊销这笔费用以及如何对内计价，是另一个困扰管理者的问题。

（3）技术问题

由于网络培训的课程内容常包括音像信息、传输速度与流量，因此，对于网络建置是一个很大的挑战。包括服务器该放于何处、资料流量问题、资料安全管制，以及网络的频宽等问题，都将影响网上课程的质量。

以新力而言，目前面临最大的问题是有些地区的网络传输速度很慢，频宽不足，使得参与者在上课的时候常常遇到断线。所以，有些地区的服务处便决定不参加网络上同步的训练课程，等到课程结束后再下载训练教材。

（4）语言问题

目前的网络培训软件主要以英文为媒介。英文培训教材有效地翻译成中文教材的尚不完全，特别专业的培训教材更是不多，光是翻译的工作可能就让训练拖延数周。因此，语言的问题也造成知识分享不易。

（5）吸引参与者的注意

在网上学习，由于没有眼神的接触及一些肢体语言，所以训练者必须特别注意参与者的上课情况。训练者必须像广播电台的节目主持人那样，用声音来表达。利用软件上的白板功能来吸引参与者注意。训练者更需要经常使用互动的方式，以营造有趣的网络培训，例如询问意见及问题，善用举手等功能。

此外，员工在进行网络培训时，通常是在自己的办公室里，所以很容易受到干扰，例如隔壁的同事要求帮忙、突然而来的电话等，这些都会大大地降低学习的效果。更有一些学员指出，由于进行网络培训时往往只有一个人坐在电脑前，很容易就疲倦地睡着了，学习的效果当然也大大减低。

另一个值得注意的是，我国在文化上与西方国家有很大的差异，学员不太喜欢发言，比较习惯单向式的学习方法，对此要使网络培训的内容新颖、活泼，具有较强的互动方式，以吸引学员主动参与。

网络培训已成为未来教育训练的新趋势，它可为企业提供崭新的机会，尝试新的学习方法。我们也不应该放弃传统的训练方式，而是应该将网络培训与传统训练的方式有机地结合。经理人都应该体会到，网络培训所带来的不只是成本的降低、效率的提高，它更是引进一种全新的学习模式。

不过，企业在导入网络培训时也要注意到，它不是仅仅将训练教材放到网络上，也不是找一位培训老师通过网络将他的教学传送到各个地区就可以了。真正有效的学习还必须激发员工学习的积极性，结合新的学习行为，导入更有效的训练方法，诚心地希望培养和提高员工的技能，而不是让科技取代了人类的学习能力。

多媒体远程培训

虽然网络培训也可以是一种远程（即跨地区、跨时间）的培训，但通常其凭借的手段仅仅是局域网络或因特网，学员们不必到专门的教室中去，他们可以自主地选择学习时间和地点。而多媒体远程培训，是指结合采用了多种媒体手段，利用现代化的技术将声音、图像传递到各个教学地点，学员一般会在各地专门的教室中接受远在外地的教师的培训。多媒体远程培训中，有些已经可以达到多边互动，即学员可当场提出问题，并可马上得到实时回答。

多媒体远程培训中经常用到的技术手段包括可视会议系统和ISDN接入。多媒体远程培训还经常和电脑辅助培训、网络培训联系起来，即在课堂上通过可视会议系统进行授课，课堂外则通过课程网、电子邮件进行沟通，有时还可以形成全球范围内的虚拟学习团体，就某一个问题进行讨论，并往往配有计算机辅助学习软件，或课程光盘，以便学员进行课后的自我学习。

多媒体计算机作为对信息载体的集成，集合了文字、数字、图形、声音、动画和视频图像，并且作为存储信息实体的集成，把视频设备、音响设备、存储系统和计算机集成为一个系统，通过键盘、鼠标、屏幕、数据库等人机接口，利用图形菜单、图标、视窗等美观形象的图形界面，甚至模拟情景，几乎能与人的所有感官进行交流、对话。

在信息技术的辅助下，培训工作也逐步告别过去单纯的课堂讲授教学方式，跨进多姿多彩的多媒体课堂。在多媒体课堂里，原来抽象、乏味的知识变得形象、生动起来，能够更加直观、真切地表达培训内容，也激发了学习者的求知欲，使学习者更易于接受。

在过去，培训者授课只能在黑板上板书所要培训的内容，或者把笨重的教学仪器带到教室来演示给学生看。摄像技术、投影仪和录像机的广泛使用使得培训工作得以向前发展，学习者可以在教室里观看预先做好的教学幻灯片或录像带了。

但是这一手段的局限性在于学习者只能被动地观看课程内容，而不能主动地参与其中。这样学习者的积极性和参与欲望就受到了压抑，培训工作的效果就受到了影响；幻灯片或录像带是培训者按照自己拟订的计划预先做好的，学生只能毫无选择地接受，其主动性和创造性都受到了限制；幻灯片和录像带的设计者不可能把每个学习者的具体情况，以及实际操作时可能会出现的错误完全考虑在内。

所以，往往学生在看幻灯片或录像带时可能觉得自己已经很清楚地掌握了本次培训的内容，但在实际工作的过程中却遇到各种各样的问题，不知该怎么解决，这样员工处理错误和异常情况的能力依然较差。

而多媒体培训方式从根本上解决了上述的问题。因为多媒体培训是双向互动的，学生不但可以观看，还可以亲自参与。在参与的过程中遇到问题时，可以得到适时引导或及时向系统寻求帮助，这样就大大加深了学生对尚未掌握的知识的理解，提高了学生处理实际问题的能力，还激发了学生学习的兴趣。

现在已经有一些应用软件能够模拟出用实物来做实验的效果，学习者可以利用这些软件来代替用实物做实验，不仅节省一些实验经费，还可以取得更好的培训效果。

从培训工作的效果来说，一个多媒体培训软件自然是越精美越好，但制作一个精美的培训软件要耗费大量的时间和精力。培训者一般不是专业制作多媒体软件的计算机专家，他们只能利用有限的课余时间去做。

如果想尽可能多地用自己制作的多媒体教学软件来给学习者上课的话，要使每一个课件都做得很精美，从时间和精力角度来看几乎是不可行的，也不符合成本效益配比的原则。所以应该把主要精力放在制作能够清楚阐述和演示培训的内容上，追求实际效用的最大化。

和以前的培训相比，多媒体远程培训具有如下特点：

1. 跨地域性

如前所述，远程培训利用现代的信息、通信优势，突破了地域的限制，使处于不同地区的人能同时学习沟通，共享培训资源，这不能不说是现代科技带来的一个奇迹。和网上培训一样，远程培训已超越了空间的概念，从而免去了接受培训的人的舟车劳顿之苦，也为企业节省了一大笔差旅费。

2. 沟通的多向性

学员和教师假如选择电子邮件或传真的方式，双方的信息传递比口头传递要麻烦得多，互相交流也很难尽兴。在学习过程中很多情况下是单向的沟通，学习者只能从网上下载到培训课程，却不能和他人沟通意见和看法。

假如没有固定的聊天室，学员由于不知道有谁在参加该培训，只能和教师或有限的几个同事沟通，组织形式过于松散。即使建立了聊天室，也不能保证每位参加培训的学员都上网聊天沟通。

传统的课堂培训是一种双向式的沟通。培训者和学员可在课堂上当场互通信息，讨论问题，沟通看法。这里的信息从流量和多样性上都高于网络培训，一个培训班级的人可共享这些信息。

多媒体远程培训则把双向沟通发展为多向沟通，几个培训地点的人可以把自己各自的观点、问题公布出来，同大家分享，使得跨地域这一优势进一步得到发挥。在远程培训中，一个人可了解到其他教学地点的情况，包括他们的思维方式、处理问题的办法，信息流量可高出传统教学几倍。

3. 及时同步性

这一点主要针对一些比较大的跨国企业。通常这类企业会在总部设有培训中心，在传统培训条件下，培训课程从总部向各地推广需要比较长的时间，有时只能要求员工进行海外培训。这样在别的国家的分支机构的员工接受到相同培训有滞后性。而多媒体远程培训可以使全球各地的员工同时接受相同的培训。

4. 便捷性

多媒体远程培训由于是跨地区的，使得人们可以不用花费很多时间在旅途上，就可以接受来自世界其他地方的培训课程，具有便捷性。

美国众多企业已开设了许多远程培训课程，如营销原理、服务性营销、专业化销售、购买者行为、战略营销、基础会计、财务管理、人力资源管理、生产管理等。实际上，任何传统的培训课程，经过调整和改进后均能用于远程培训。

我国的远程培训技术始于20世纪80年代初，当时我国企业普遍遭遇人才断层，急需尽快培养大量人才。为此，采用了以广播电视教学为主的大规模的传递和大规模的接收并加以辅导的传统教学模式。此时，研究如何提高教学质量的重点，放在了制作由优秀的专家讲授的录像带。

这种大规模的教师结合新媒体的教学传递模式，确实为解决当时客观上的人才短缺起到极大的促进作用，但是在教学观念和形式上还是因袭传统的教学思想。进入21世纪以后，由于以计算机为中心的通信与信息技术的迅速发展，远程培训的传递手段日益多样化，多媒体远程培训也开始在我国教育界和企业界得到广泛应用。

当然，多媒体培训方式也有其不足之处，主要表现为利用成本太高，有些学习者可能缺乏这方面的基本常识，不能够及时快速更新等。

应用新兴技术培训的实施

新兴技术在员工培训中的价值正日益凸现，这就要求许多企业要紧跟形势，才不至于落在人后。

培训技术和设备要求

1. 基本设施和设备要求

实施网络培训或多媒体远程培训，有较高的技术基础设施的要求。

在多媒体远程培训中，配置的专用教室通常包括如下基本设备：

· 数字存储与压缩设备；

· 遥控摄像头；

· 多媒体大屏幕显示器；

· 录像机或VCD、DVD；

· 传真机、打印机；

· 文件摄像头与实物投影仪；

· 麦克风；

· 幻灯机；

· 投影仪；

· 计算机（可以联网）。

除上述硬件外，要配备宽带视频线、ISDN、DDN、卫星通信线路中的一种或多种。国内目前多采用ISDN来接收对方信号，它相对较便宜，当然选择方案性能越好（如卫星接收），价格越高。

2. 设备使用及要求

（1）要保证各个教学地点使用的设备采用共同的标准，信息能用共同的编码解码技术在信道中传播。线路的单位时间内的信息流量应相等。

（2）为保证教师与学员随时沟通，每位学员最好应配备一台电脑，并能较方便地上网查看有关课程的信息，能通过收发电子邮件提出问题并得到解答。

（3）培训开始前保证每位学员都能熟悉使用由学员操作的设备，如麦克风。假如设备比较复杂，可专门安排一段时间进行示范和练习。

（4）假如摄像头的位置或摄像的方向是固定的，学员和教师必须对着摄像头的方向，而且教师不能在课堂中走动，课堂气氛比较死板。有时，教师可采用控制面板遥控摄像头。这虽然给教学带来较大的灵活性，但由教师控制摄像头就不可避免地会分散教师的注意力。比较好的一种方式是由专门的人负责摄像。在采用这种方式时，教师与摄像师之间一定要相互配合得很默契，这需要准备时间和磨合时间。

3. 设备调试、维护和备用方案

每次培训开始前，要检查所有的相关设备，将其调到最佳状态，尤其是通信线路以及信号传输设备。假如教师所在教学地点的通信出现了故障，将影响整个远程培训的进行，所以对该地的设备调试人员来说，维护好整个通信系统事关重大。某一教学地点设备出了问题，不仅该教学地点的学员不能参加培训，而且会使其他教学地点的学员受到影响。

一旦出现设备上的故障，应有一个备用方案供选择。培训前要做好使用备用方案的准备。要保证图像、声音的清晰及传输信号的稳定。保证各地点、教师、学员的信号顺利切换。在日常工作中注意对远程培训设备的维护和保养。

网络培训要求的设施相对要简单些，主要有局域网、互联网接入；另外要求有一定的课程软件的支持。而这些，往往是通过专业公司来进行的。

培训课程的设计

根据学习环境五要素的理论观点，在建构网络学习时要注意如下几个方面：

1. 信息库的建构

信息库是学习环境中最主要的信息资源，它负责向学生提供要学习的领域知识和教学材料。传统课堂教学中，信息库通常是课本、教师讲授的内容以及词典等等；而在网络培训中，要建构基于计算机的信息库。这个信息库种类应该比传统的更多，内容更丰富，界面更友好，应便于学员的查询。这也符合建构理论强调的“新旧知识联系”的原理。

2. 提供建构工具箱

建构工具箱用于帮助学生寻找特定信息、完成认知操作、实现某种设想等等。实验室设备是最常用的工具箱。计算机扩展了工具箱的种类。一方面，学生不仅可以构造实物，还可以利用计算机软件构造虚拟的事物或进行模拟。另一方面，通过网络培训可以向学员提供多种建构工具箱，以适应他们不同的要求。

3. 任务情境

任务情境是学习任务呈现给学习者的问题解决情境。任务情境蕴涵着等待学员学习的知识和智力操作。

4. 任务管理者

任务管理者是学习活动的管理者。教师、学生，带有明确指导信息的课本，以及计算机软件都可以充当任务管理者。学员是学习的中心，他们自己是任务最重要的管理者。故在网络培训中，要尽可能发挥学员的主动性，并最优使用计算机软件，使培训效果最大化。

应用新兴技术的培训对培训老师的要求

如前所述，应用新兴技术的培训特别是多媒体远程培训对培训老师的技能和适应能力提出了更高的要求，为了更好地开展多媒体远程培训，培训老师应做好下面这些工作。

1. 培训的准备工作

（1）熟练使用培训设备。作为培训教师，必须了解各种设备都有什么样的作用，尽可能多试用几次设备。在课堂讲授时要让学员觉得使用远程教学的方式不会产生不方便的情况，因此必须保证镜头的切换顺利，设备的开始和终止使用都不会有麻烦。

（2）准备好备用方案。在培训中的信号传输故障是培训者鞭长莫及的。

尽管责任不在培训者，但却必须能够应付这种情况。除了培训的组织者要准备备用方案外，培训者也要准备自己的一套或几套方案，以在组织者转换设备时的时间空当备用，比如角色扮演、小组讨论，给学员看其他可用资料等。在设备故障期间，各个教学地点无法联系，所以培训者应把备用方案的资料，分发给每个教学地点的负责人，以便在故障期间每个地区都知道该做什么，并保证相同的进度。

（3）尽量避免穿淡色的服装，这在屏幕上会非常刺眼。

（4）准备的投影资料的字体要足够大，事先试验几次，选择最恰当的字体。

（5）充分的心理准备。培训老师对多媒体远程课程的态度和自信心往往会影响到学员对课程的反映。所以，在授课前，培训老师自己要有充分的思想准备，并对自己应用新兴技术进行课程传授充满信心。

2. 讲授中的注意点

（1）调动课堂气氛。通常，远程培训对培训者的协调控制能力有更高的要求。不管远程培训采用了多么先进的培训技术，各个教学地点之间地理上的距离总是存在的。如果没有一种要求学员积极参与的强制性要求，同时教师又没能很好地协调课堂的气氛，调动学员参与的积极性，很可能学员都成了被动的听众。为避免这种情况发生，培训者应注意以下几点：

②给学员提供参与的机会，如讲演、讨论、角色扮演等。

②建立一种类似主持人的培训风格——幽默、轻松，富有亲和力，有助于消除心理上的距离感。

③有出色的控制能力，把握好课程进度，将培训的气氛控制在一定程度内，做到不温不火。既能调动沉默不语的人发言，又能控制长篇大论者的发言时间。

（2）平等对待各个教学地点。在一个远程培训尤其是跨国远程培训中，各个教学地点共同学习。培训当中，尤其要注意平等对待各个教学地点的学员，不能有任何偏向。

因为民族感是最为敏感的，学员能够体会出你对他们的看法。如果你没能平等地看待他们，他们就不会在培训当中配合你。正因为如此，培训者必须尊重各民族的宗教信仰、政治信仰，尊重他们的风俗习惯和传统文化，而且应给各个教学地点均等的发言机会，鼓励大家都参与到培训课程中来。这是在远程培训中特别要注意的问题。

（3）培养课堂社区氛围。远程培训中不同教学地点的参加者在培训之前一般是互不相识的。在培训的最初，各个学员之间会存在陌生感，交流和表现都比较拘谨。在这种情况下，培训者应注意培养一种课堂社区（class community）氛围。

在培训中大家逐渐熟悉了解，并逐渐建立了信任，他们像生活在同一个社区的人一样，这时大家畅所欲言，各抒己见，课堂中产生了一种类似于社区的氛围，就像所有的人在面对面地学习。只有在课堂上拥有了这种氛围，远程培训才真正地突破空间限制对沟通的障碍，成为一种十分有效的培训方式。

（4）处理不同的学习习惯和目标。不同国家的学员会有不同的学习习惯。有的习惯老师讲授为主，有的习惯学员充分参与，进行诸如角色扮演、小组讨论等。培训者必须尽力协调这种差异，形成自己培训的风格。如果你的风格是鼓励学员积极参与，而不愿仅仅做个信息的传递者，你就要在培训课堂上，大力倡导学员充分发表意见，积极参与角色扮演，从而形成属于这个培训课堂的培训风格。

但要注意到那些学习习惯与你的风格不同的学员。他们可能会觉得不适应，对你的讲授产生抵触情绪或畏惧情绪。所以应给这些学员一些时间来适应你的风格，在出现冲突时要尊重他们的想法。只有这样学员才会逐渐融入培训当中去。

（5）促进各个教学地点之间的沟通和理解。不同的教学地点有不同的文化背景、价值观和思维方式。有些做法在一个人看来是十分正常的事，但对他人而言可能不可理解。

所以在培训开始时，就应向学员明确说明在思维意识领域可能存在差异，各个学员应对此做好充分的心理准备，尽力去理解这些差异，多与不同教学地点的学员沟通。同时作为培训者，应做出榜样，积极促进大家的互相了解，有机会的话，可让学员做些自我介绍等。总之，要形成一种开放和谐的气氛，使学员从多角度看问题，而不是仅从自己的角度出发。

3. 讲授后的网络联系

多媒体远程培训往往和网络培训联系在一起，培训老师在课后可以通过电子邮件和网站继续和学员进行探讨。多媒体远程课程由于传送费用成本高，每次上课的时间都是严格控制的，而由于它往往有好几个点共同参加，每个学员能够参与的时间显得非常宝贵，往往有沟通不足和互动不够的缺陷。所以要尽可能利用课后的电子邮件、聊天室和讨论区进行补充，以增进培训效果。

应用新兴技术的培训对学员的要求

前面提到，有时学员对应用新兴技术的培训有抗拒反应。事实上，不同的学员对应用新技术的培训有不同的反应，常见的几种情况如下：

（1）采用新的技术。在培训中，这使学员感到兴奋，他们愿意与教师配合，积极参与到课程中去。但是这种新鲜感会随着培训次数的增多而渐渐消失，假如这时培训不能用其他的特点吸引学员，学员的参与性就会降低。

（2）有的学员认为通过屏幕看到他人的情况，对他人的感觉只是平面的，而不是立体的。因此在心理上有很大的距离感，他们不喜欢这种方式，而更偏向于面对面的交流和沟通。

（3）有的学员认为与不同背景的人共同学习，是一个开阔眼界的好机会，他们乐于同他人分享经验和信息。

（4）有的学员认为不同的人有不同的学习目的，他们认为培训要兼顾各种学习目的是一种浪费。网络培训给他们提供了自主学习的机会，而多媒体远程培训的课堂授课与普通授课没有很大区别，反而有心理距离感。

（5）有的学员因为不必面对面地交流而消除了心理上的恐惧感；而另外一些学员因为要面对更多素不相识的人而在课堂上表现拘谨。

可见，还是有许多学员对远程培训这种形式不是很习惯。为了更好地让学员适应这种培训，应注意在上课前给学员以相关培训，特别是可视会议系统、网络等的使用。通过这些培训，还可以增加学员学习掌握新技术的自信心，树立对应用新兴技术进行培养的信心。

同时要注意协调各地的学员，保证远程培训中多向沟通的信息对学员是有价值的，使远程培训真正成为学员学习和沟通的媒介，以增强培训效果。有时，也可以在培训前对学员进行筛选，通常那些乐于主动了解其他受训地点的文化背景，有突出的接受能力和消化知识的能力，对待事物积极热情，对新技术有较强的适应能力的学员会取得比较好的培训效果。

CHAPTER 06

第六章

建立培训系统

企业若希望在职培训能持久并取得成效，而不是断断续续地进行，就必须将在职培训系统化。系统化的好处在于企业管理者在进行培训前，可先周密地考虑有关的因素，继而加以分析，管理及计算预期的后果。如果中途出现了变化，也能提早得知并马上加以控制。

系统的概念

培训系统是企业中众多系统中的一个。要建立一个培训系统，就像要建立其他的系统一样，需要先对系统有清楚的了解。

一个系统是一个有组织的整体。企业内有着不同的部门，各司其职，发挥着独有的功能，例如策划、开发及客户服务部并不是互不相关的，它们的关系异常密切。这种关系，就像人体内各个不同的系统，如呼吸、消化或神经系统一样，互相作用，互相影响，任何一部分的变化，都不可避免地影响其他部分的运作。

系统概念是将一些独立的管理过程组织起来，把不同的过程分类，然后按不同的性质集中，澄清各自之间的关系，使管理过程成为一个周而复始的循环。

传统的管理过程一般是直线运作。举个例子，一名员工常常遭到投诉，管理者认为是训练不足，于是便安排一位资深的员工从旁指导，或者让他参加一些培训课程。这名员工受训后理应熟悉了有关的技巧，以后便不再犯同样的错误了。

从这个角度看，直线思考认为一个问题只有一个原因，这个问题需要一个解决方法，而这个解决方法所带来的影响，可以直接地评估。但系统概念则着眼于不同的成因，如投诉的原因可能是由于员工的态度问题，企业的工作系统问题或产品质量问题等。系统思考方法是：假设问题出现时，问题与系统中各部分都有关联。

解决这个问题的方法除了带来计划中的影响外，还会影响其他部分。假设有关的影响是合理的，若要评估所有的影响，需要研究各个部分的情况。若客观情况改变，解决方法亦随之而改变。

系统可分为封闭式及开放式两种。我们通常难以找到完全封闭的系统，但为了分析上的方便，我们还是先从两个封闭的系统出发，看看它们包含哪些部分。

一个系统可以分为四个组成部分：投入、处理过程、产出及反馈。

比如，空调机的作用，当然是产生冷空气，令人感到舒适。但若没有反馈部分，过量的冷空气不但无益，反而对人体有害。通过测量室内气温及使用恒温装置，空调机可以不断地调节投入部分的因素，如降低电量、减少送风量等，也可以改变处理过程，降低制冷功能，令气温回升。上述的循环过程，我们称之为“空调系统”。

培训的作用在于提高员工的工作能力，从而替员工解决一些工作知识技能的问题，最终协助他们提高工作表现达到企业的要求。在投入部分，我们把与培训有关的因素放进去，使得培训人员在进行处理过程时能更具针对性。

培训管理系统针对培训建立管理系统时所订定的目标。因此，投入部分所放入有关环节的因素需要符合系统的目标，太多会造成浪费，太少便影响了系统的其余部分。这好比要烹调一道美味的菜肴，选错或遗漏了材料会产生负面影响。

在产出方面，则要根据企业的要求及培训人员在设计课程时制定的内容而决定。例如，有些培训活动不用学员参加测验考试，但必须要呈交一份工作上的建议及报告。学员在受训期间，从不认识到认识的过程中，定会出现一些学习行为，比如，能够解答一个难题，示范一种技能，甚至提出疑问等。

一个完善的系统必须包括反馈部分，用来监察系统的运作及成效。在培训管理这个流程里，管理者可利用这个系统中三个指标，来监察能否达到培训的目标。

1. 工作表现

员工的生产力是否提升了，操作的时间是否加快了，工作的误差率是否减少了？

2. 个人潜能

能够处理以前未曾做过的工作，例如，一个内部会计员也能担当向顾客推销产品的工作。

3. 存在问题

问题出现的次数是否降低或完全不出现，例如，投诉员工不礼貌的情况减少了。

倘若这三个指标未能达到预期的效果，管理者便可以从系统的各个部分入手，逐一研究，看看哪一个地方做得不好，从而加以调整及改进。管理者在筹办培训前，可以把有关的因素加以考虑。若发现一些部分有不足之处，管理者已能预知培训的目标将无法达到，便可尽早研究解决方法，及调整系统内的资源，来促进培训成效出现，以达到企业的目标。

总之，一个系统包括投入、处理过程、产出及反馈四个部分，每个部分都有着密切的关系，而这些关系是以循环的模式联系在一起。从管理角度来看，管理者只要掌握了各部分中的各个环节，便能够控制整件工作的实施，而且随时知道目标完成的程度，而不需要事事靠下属汇报，从而处于一个较佳的运行状态。

建立培训系统的考虑因素

当我们要建立培训系统时，首先要考虑的因素就是：要有一个明确的目标。除了目标以外，员工的工作岗位亦会影响培训系统的设计。因为不同岗位需要不同的投入元素、处理过程、产出及反馈资讯等。例如，培训一名商场售货员与一名业务推销员是有许多不同之处的。另外，还有一个因素是不能忽略的，就是在职培训系统与企业中其他管理系统的关系。

一个培训系统的各个部分当然是关系密切，但它与其他资讯系统、操作系统、考核系统等的关系，也是我们需要顾及的，因为一个企业不能单靠一个独立的系统来运作。

综合而言，建立在职培训系统时需要考虑的因素有三项：

（1）系统目标；

（2）工作岗位；

（3）与其他管理系统的关系。

系统目标

我们在前面已经介绍过在订立培训目标时需要注意的问题及有关的方法。在这里，我们将进一步研究一些系统目标的问题，就是在建立在职培训系统时，管理者所订立的企业管理目标与培训目标的关系问题？

先看看下面一些例子：

· 在年底前，某企业的营业额较去年增加30%；

· 在今年6月，顾客的投诉次数要减低至每月不能超过3次；

· 在未来3个月内，要把员工的缺勤率从目前平均10%降至平均3%。

上面的例子符合了订立企业管理目标的原则，但假如我们用这三个目标来作为建立在职培训系统的依据时，很可能会出现“风马牛不相及”的情况，因为上面三项目标与培训没有太大的关系。我们可以这样想一想：

· 员工受训后，是否能增加销售数量，使营业额提升？

· 顾客的投诉是否一定与员工的服务有关？

· 员工的缺勤情况是否因培训不足所引致？怎样去培训他们？

从企业管理角度分析，不是所有问题都与培训有关。销售量会受到很多因素的影响，除员工的推销技巧及对产品的认识外，还有产品的设计、质量、广告宣传、企业商誉、售后服务等。另外，顾客投诉也不一定都与员工有关，有时可能是由于产品设计，企业内的烦琐工作程序及经营手法等引起。同样，员工缺勤严重可能归咎于士气低落，又可能是主管玩忽职守所致。因此，在订定培训目标时，管理者千万不要定错焦点，否则整个培训系统的设计便容易产生问题。总之，培训系统的目标必定与培训有关，而培训的目的则离不开提高员工的能力。简而言之，与培训系统有关的目标，应该是围绕着提高员工能力的范围来订立。以下是一些例子：

· 员工能够解答顾客的有关产品操作、保养及维修的问题；
· 员工能够写一份完整的市场推广计划书；
· 员工能够对工作流程做出分析，并把有关的资料整理及汇报；
· 员工能够替顾客量身定做一份理财计划；
· 员工能够指导下属成员工作，并将有关的工作行为具体描述出来；
· 员工能够分析问题，列出问题的成因及可行的解决办法；
· 员工能够运用企业内的资讯系统，协助制定工作方案。
· 员工能够分辨顾客的购买讯号或最佳的销售机会。

上面所列举的例子全部都与提高员工的能力有关，相信你也能举出一些，请试试看。

一个培训系统应该具备多少个目标？这没有规定的具体数目，一切要与岗位的职责吻合。由于企业中有不同的岗位，而每个岗位的职责又有所不同，因此，培训目标可能会很多，也可能很少，应视有关的职责多寡而定。

工作岗位

企业中有不同的工作岗位，有些需要较多的工作才能够把职责完成，有些则较少。对管理人员来说，工作分析是十分有用的工具，因为它把培训的范围系统地划分出来，使管理人员能够有计划地进行培训。

然而，要建立某一个岗位的在职培训系统，管理者除了拥有一份详细的工作分析外，还要考虑其他的因素。我们在下面将通过一个银行柜台业务员的岗位作例子，来说明不同目标对同一个工作岗位的培训系统所带来的变化。

银行将解答客户贷款的业务定为目标，因此培训系统中各部分因素都要围绕着这个目标来考虑。同时，由于重点在于培训员工的解答技巧及应有的态度，而不是知识性的传授，因此员工在接受这些培训时必先对银行的贷款业务有基本的认识，否则将会本末倒置，掌握了有关的技巧也达不到所要求的目标水平。

在投入方面，工作岗位的工作分析和工序分拆只是其中的两个项目。从工作分析中，柜台业务员知道要做些什么工作，例如，解答客户查询，推销银行的服务，文件归档及接听电话，等等。

工作可能很多，但培训老师在这里只须集中研究与培训目标有关的工作便可以了，因为其他的工作涉及的技巧可能并不一样，因此处理过程亦有所不同。其他投入因素如业务规章、制度、利率、收费、业务品种的处理办法（包括申请、续期、结清等）、原有的及更新的做法，这些资料可以通过不同的方式，发送给培训老师，最常用的是文件传真或电脑联机等传送方式。

处理过程包括了培训老师在培训员工时应有的程序。实际上，很多培训老师在执行培训时，较集中前四项，后三项则较少顾及，因为后三项是一些跟进的工作，而跟进的工作大多数是会被人遗忘的。不要轻视这些跟进工作，因为它们是一个激励的过程。

试想想，当员工被安排回自己的工作岗位时，他们是否会因恐怕技巧尚未熟练而感到不安？有“师傅”在旁，信心是否会加强一点？在职培训最重视及时反馈，指正员工做得欠缺的地方，假如培训老师不在现场，他怎能做到这点？因此，管理者应该要求所有的培训老师都要做到处理过程中的每一项，不要因“没有时间”而忽略了现场指导和及时反馈等工作项目。

在产出方面，员工需要就客户的查询做一份记录，包括查询的分类及次数。查询分类是指业务的种类，例如信用卡、私人储蓄账户、私人往来账户、外汇兑换等，次数则是每一项业务的查询次数。这份记录（多数以表格形式记录）对管理者及员工均有很大用处，因为假如有某些业务很少被查询，甚至没有查询记录，这样即表示员工对那些业务的查询很少有机会去解答，日后可能要加强培训有关的询问范围。

举个例子，假如在过去一段时间内，记录中没有出现信用卡的查询，日后若有顾客提出有关信用卡的问题时，员工可能对于有关的规章及最新的制度不太熟悉，影响了表达。正所谓“熟能生巧”，从记录中，管理者便知道员工有哪些地方会出现业务生疏的可能，以便敦促培训老师加强相关的在职培训。

培训老师怎样知道员工是否能准确解答客户的查询？从反馈中，我们便一清二楚了。若员工向培训老师要求协助解答的次数减少了，客户向员工垂询的次数增加了，及客户对资料不正确的投诉减少了，这些都是一些反馈指标，管理者可从中知道培训的效果，从而加以管理。

与其他管理系统的关系

我们用封闭式的系统做例子，目的是更容易把系统的原理介绍出来。回到现实环境中，正如企业中其他的管理系统一样，培训系统很难独立地运作，因为它与其他系统互有关联，而且每天不断地相互影响着。企业的管理者要先弄清楚系统之间相互的关系，才可避免出现闭门造车的弊病。换句话说，管理者不单是管理一个封闭的系统，而是要研究自己所设计的培训系统能否与其他系统相配合。

管理者怎样才能够预知自己的系统与别人的系统是否配合及相互运作的情况？在这里我们引用一个原则，就是一个系统的产出必定是另一个系统的投入。

这条原则提醒了管理者，当设计系统时，必须要明白以下几点：

（1）企业中的系统是在一个开放式的环境中运作；

（2）一个系统的投入部分所需要的因素是其他系统的产出；

（3）一个系统的产出会是其他系统的投入因素；

（4）其他系统是指一个系统或众多系统。

为了容易说明这种关系，我们再次引用先前用过的例子来说明培训管理系统的运作过程。

若要系统有效地运作，管理者在建立时要考虑其他系统的配合，以及所提供的有用的资料，才能够令运作过程中的各项工作顺利进行。系统中投入部分的某些资料，其实是其他管理系统的产出。

学员表现水平的资料可以由三个系统来提供，它们分别是业务操作系统、员工招聘系统、员工考评系统（一般企业把后两者一同放在人事管理系统中）。业务操作系统说明了员工的表现水平标准，新招进的员工必须做到所拟订的标准，而旧员工可能因为调职的关系，不懂得或疏于新岗位的操作程序而需要受训，这些资料协助培训老师制定培训目标。

学员背景资料来自员工招聘系统，这点十分明显，不论是在职培训（由各个部门自己负责）或者脱产培训（由培训部或外部事业机构负责），有关的老师都不会知道学员的背景资料，因为这些资料有些是机密的，例如薪酬、婚姻状况等。当然，这里所说的资料并不是指这些，而是一般性的资料，包括学历、任职年限及有关工作经验等。

业务操作系统及员工招聘系统会列明企业对员工的要求和期望。例如，要遵守企业的规定来操作机器，不要随意打断顾客的谈话等。管理者同时亦可以通过员工招聘系统，或员工考评系统来知道老师和学员的资料，了解哪些员工拥有什么经验，与人相处的性格，以及哪些员工需要接受培训。最后，管理者怎样知道培训设备的数量、规格和使用方法？培训场地是否需要预先安排？成本怎样计算？这些资料可以利用物业管理系统来获取。

除了投入方面，管理者还要研究产出方面的情况。简单来说，培训管理系统的产出，必定是其他管理系统的投入。

学员受训后的测验成绩可以输入员工考评系统，作为员工的个人记录，以便日后调职或晋升时让管理者参考。倘若产出的是行动计划，这些计划会被员工带回工作岗位应用，可能成为业务操作系统、工作改善系统或服务管理系统的依据。学员受训后的意见表主要针对课程或培训的编排、设计及内容，作为日后举办同类课程或培训的参考。

学员行为指通过培训学习后的行为改变，这些行为如果能够具体描述出来，有关的资料将会有助企业进行考评工作。另外，学员有关的行为亦会带回工作岗位，进入业务操作系统中。最后，如果学员需要在受训后呈交一份工作建议及报告，这些资料可以输入工作改善系统或业务操作系统，甚至是服务管理系统，作为参考之用。

在建立系统时，管理者通过现有的资料作为系统的投入因素。换句话说，企业中有很多有用的资料，存放在不同的管理系统中，现代的企业大部分拥有先进的电脑设备和企业局域网，要取得有用的资料，问题应该不大。这些资料有助其他系统更快地达到目标，这样一来，各个系统的投入、产出可以结合在一起，循环不断地运作，使企业更有效地运用自身的资源。

我们对一个系统的两种运作模式（封闭式、开放式）已做了详细的介绍。倘若日后需要建立一个在职培训系统时，管理者需要考虑下列问题：

（1）系统的目标是否与提高员工能力有关?

（2）能否取得适当的支援，包括上司、员工、其他部门的管理系统等?

（3）产出的资料是否切合其他部门的需要?

一个完善的在职培训系统能够使培训工作融入日常的管理系统中，使在职培训的老师能够通过这个机制发挥部分管理职能，例如计划、组织、激励和监控等。在培训过程中，培训老师若要在新员工心目中建立威信，需要经常做反馈工作，与新员工的接触多了，容易建立起理解与信任。与此同时，管理者亦间接地促进了培训老师的水平提高，并可以从系统的反馈渠道知悉他们的工作情况，无须事事亲力亲为。管理者可以专注担任管理性的工作，对企业也有很大的益处。

总之，建立在职培训系统是管理者推行在职培训过程中的关键性工作。若没有一个完整的系统，工作便会变得零散及个人化，难以有条不紊及循环不断地运作下去。当然，建立了一个系统并不代表培训任务就一定成功，只代表成功的把握更大了而已。从以往的工作经验中知道，管理者推行在职培训时，还会遇到其他各式各样的困难，其中有来自企业本身，有来自培训老师及员工，以及来自管理系统的不协调。这一些，我们将在第十二章再作详细讲解。

CHAPTER 07

第七章

落实培训管理工作

企业管理，是企业健康有序运作的基本保障，作为企业组织中的培训机构也同样需要管理。只有通过良好的培训管理，才能保证培训工作健康有序地运作。

培训部门的工作内容

培训部门的职能是服务性的，它只为组织管理者提供培训与发展业务。培训部门负责本企业工作人员培训与发展计划、组织、控制、指挥等管理性工作，其工作内容可从六个方面进行描述。

信息收集

培训部门收集信息应主要着眼于以下几个方面：

（1）企业现在有关培训的信息；

（2）企业的文化、战略、目标和发展；

（3）确认和了解培训服务对象的信息；

（4）确认和了解培训的学员（事实上将要培训的人或参与教育项目的人）的信息；

（5）了解人力资源开发与管理的其他相关内容，如录用、奖惩、工资等信息。

确立目标

培训部门确立培训与具体实施的目标主要包括：

（1）培训与具体实施的全面目标；

（2）完成本次培训与具体实施目标的分析，将目标细化；

（3）提出培训与具体实施建议；

（4）选定培训与具体实施的对象；

（5）确定培训与发展工作的程度；

（6）确定培训与具体实施工作的评价标准。

制定策略

培训部门制定策略重点考虑的是实施培训与具体实施工作的人员、预算、方法和技术等问题。它要回答以下几个问题：

（1）由谁来进行培训组织与具体实施工作，确定培训者；

（2）投入多少及何种资源，进行预算；

（3）选择何种方法与方式；

（4）采用何种培训技术；

（5）需要采用哪些设施。

建立培训与具体实施组织

培训与具体实施是一项组织化的工作，组织化的优点在于提供系统、协作，以便更有效地实现培训的目的。培训部门进行组织工作要回答：

（1）谁干什么（专门化）；

（2）谁向谁汇报（职权关系）；

（3）人员和行动如何配备；

（4）如何干（正式条例、政策和程序、纪律）。

培训与具体实施的评估

培训与具体实施的评估是依据特定的标准，对培训与具体实施绩效或效果进行度量，这是发现问题，改进工作的依据。培训评估与改进的主要工作包括：

（1）确立评估的标准；

（2）测定实际情况；

（3）将实际情况与标准相比较；

（4）反馈评估结果。

培训部门的权责

企业培训部的权责包括以下内容：

（1）举办全公司共同性培训课程；

（2）拟定、呈报全公司年度、月份培训课程；

（3）制定、修改公司培训制度；

（4）上报公司在职培训的实施成果和改进方案；

（5）编撰、指定共同性培训教材；

（6）审议培训计划；

（7）检查、考核培训的实施情况；

（8）审查、办理公司外派培训人员；

（9）研究、执行其他有关人才开发方案；

（10）拟定各项培训计划费用。

同时，为了配合培训部门的工作，还应要求其他部门给予必要支持。其他各部门的权责内容如下：

（1）汇总、呈报全年度培训计划；

（2）制定、修订专业培训规范；

（3）确定专业培训的培训教师人选；

（4）举办内部专业培训课程及上报有关实施成果；

（5）编撰专业培训教材；

（6）检查本部门专业培训成果。

培训制度

没有规矩不成方圆，培训部门必须针对企业的培训计划、要求、实施措施等方面，以规范化、严肃化的文字形成规章制度。

培训服务制度

对于一些投入较大的培训项目，特别是需要一段时间脱产的培训来说，企业不仅投入费用让员工参加培训，还要提供给学员工资待遇。同时，企业还要承担因为员工离职所带来的机会成本，即一旦参加培训的员工学成后跳槽，企业投入价值尚未回收，将给企业造成的损失。企业为防范这种问题的出现，必须建立一系列制度进行约束，培训服务制度由此产生并被广泛运用。

培训服务制度基本由两个部分组成，其一是培训服务制度条款部分，这一部分主要明确的内容有以下几个方面：

（1）员工正式参加培训前要根据个人和组织需要向培训管理部门或部门经理提出申请；

（2）在培训申请被批准后要履行培训服务协约签订手续；

（3）培训服务协约签订后方可参加培训。

培训服务制度的第二个组成部分是培训服务协约条款。一般的培训服务协约条款要明确以下几项内容：

（1）参加培训的时间、地点、费用和形式等；

（2）参加培训的申请人；

（3）参加培训的项目和目的；

（4）参加培训后要达到的技术和能力水平；

（5）参加培训后要在企业服务的岗位和时间；

（6）参加培训后如果出现违约的补偿；

（7）部门经理人员的意见；

（8）参加人与培训批准人的有效法律签署。

培训服务制度是培训管理的首要制度，虽然不同组织有关这方面的规定不尽相同，但目的都是相同的，只要符合企业和员工的利益，并符合国家法律法规的有关规定，就应该得到重视。

岗前职前培训制度

岗前职前培训制度，就是规定员工上岗之前和任职之前必须要经过全面的培训，没有经过全面培训的员工不得上岗和任职。目前这种制度已经较为普遍，因为这是提高企业员工素质的有效方法，是组织目标实现的需要。

需要接受岗前职前培训的对象主要有如下几种类型：

（1）进入企业的新员工；

（2）需要调整岗位的员工；

（3）与企业要引进的新技术、新产品工作相关的人员；

（4）即将升职的员工；

（5）即将降职使用的员工。

对于岗前职前培训制度的制定，要与人力资源部相关人员配合进行，并争取与其他部门经理人员共同商讨，这样做对制度的贯彻执行是非常有利的。此制度的主要条款有如下几个方面：

（1）岗前职前培训制度的意义和目的；

（2）需要参加人员的界定；

（3）特殊情况不能参加岗前职前培训的解决措施；

（4）岗前培训的主要责任者（部门经理还是培训管理者）；

（5）岗前培训的基本要求和要求标准（内容、时间、考核等）；

（6）岗前职前培训的方法。

培训考核评估制度

评估作为培训发展循环的中心环节已经是业内的共识，但从培训模式中各环节体现的大多数培训评估，都是为提高培训管理水平，同时也有对参加培训人员的培训效果的评估，而对参加培训人员的学习态度、培训参加情况则关注得少了一些。设立培训考核评估制度的目的，既是检验培训的最终效果，同时也为培训奖惩制度的确立提供依据，也是规范培训相关人员行为的重要途径。

通常培训考核评估制度需要明确的内容有以下几个方面：

（1）被考核评估的对象；

（2）考核评估的执行组织（培训管理者或部门经理）；

（3）考核的项目范围；

（4）考核的标准制定；

（5）考核的主要方式；

（6）考核的评分标准；

（7）考核结果的签署确认；

（8）考核结果的备案；

（9）考核结果的证明（发放证书等）；

（10）考核结果的使用（见培训奖惩制度）。

需要强调的一点是培训评估考核必须百分之百地进行，并且要标准一致，评估考核过程公开、公平方可达到培训评估考核的目的。

培训奖惩制度

奖惩制度是保障前面几项培训管理制度能够得以顺利执行的关键。如果岗前职前培训参加与不参加一个样，培训考核评估好与不好的结果都一个样，相信不会引起员工对这些制度的重视，同时也不会对培训本身引起足够的重视。因此，非常有必要设立并严格执行培训奖惩制度。

对于各种考核成绩较好的，并且在培训过程中表现较好的学员，以及对于培训工作支持帮助较大的部门经理人员，可以采取如下措施进行奖励：

（1）将考核的成绩与个人奖金发放的岗位考核标准相结合，根据考核成绩来确定奖金发放情况；

（2）将考核的成绩作为个人升职的主要参考标准之一，同等条件下培训考核较好的优先予以升职；

（3）设立专项培训先进奖，可以是有形的物质奖励，也可以是无形的精神奖励，也可以因为培训考核成绩优秀从而放宽其他相关的条件要求，如对出国进修的工龄要求等。

同样，对于考核成绩较差的要分出等级，采取上面所述方法进行相应的惩罚。值得注意的一点是在制定培训奖惩制度时，一定要明确培训可能出现的各种优劣结果的奖惩标准，如果奖惩标准不一或不明确，则失去了此制度的有效性。培训奖惩制度主要由以下一些内容组成：

（1）制度制定的目的；

（2）制度的执行组织和程序；

（3）奖惩对象说明；

（4）奖惩标准；

（5）奖惩的执行方式和方法。

培训老师管理

企业培训离不开培训老师，而一个培训老师水平的优劣，直接影响员工的培训成绩。因此，培训部门必须重视对培训老师的管理。

内部培训老师管理

1. 内部培训老师的分类及资格

（1）内部助理培训老师。从事公司内部培训课程辅导、实习辅导、操作示范等工作，除本部门强化训练外，一般不正式授课。其资格为组长级别，有两年以上相关课程工作经历，或任科长级别半年以上相关工作经历。

（2）内部培训老师。需讲授过新进人员职前训练各班的课程，以及讲授过领班级别、组长级别资格晋升教育的相关课程。其资格需任内部助理培训老师两年以上，具相当实践经验或科长级别两年以上及相关课程经历者，并经培训教师进修班成绩及格结业，获得该课程试教通过后，方可取得该课程的“培训老师资格证书”。

（3）内部高级培训老师。可讲授培训体系中任何课程。其资格需任内部培训老师三年以上，并有著作或论文经上级有关部门审核通过者。但如果讲授销售主管班的课程及科长资格晋升级别以上的课程时，仍需获得该课程试教通过，取得该课程的“高级培训老师资格证书”。

2. 内部培训老师人选的甄选

在培训体系中，各部门强化培训主管储备班及资格晋升教育，都是发掘内部培训老师的最佳场合。例如，读书会的心得发表者、研究心得发表者或单位内部训练的讲演者，如果表现特别优异者，其主管或人事训练负责人应推荐其参加“内部培训老师进修班”。当然被推荐者需具备培训老师的任职资格（内部助理培训老师两年以上或科长级别两年以上），如果无此资格，主管则应先推荐该人员登记为内部助理培训老师，并提供内部自办训练的磨炼机会。

内部培训老师的培养

1. 内部培训老师培养的课程

（1）学习理论与心理　3小时
（2）表达技巧　3小时
（3）教学方法　3小时
（4）教学与辅助教具的制作　3小时
（5）教学能力的评定　3小时
（6）公司培训体系及内部培训老师制度说明　3小时
（7）培训老师的自行培育与发展　3小时
（8）演练（试教）　3小时

以上课程共24小时，当然这是一个简化的基础课程，不能和专业的培训老师训练或师范大学培育师资相提并论。其目的主要是让企业内部培训老师对所谓“教学”有初步的认识，并借训练的机会，对他们进行更多的观察和考核，以了解他们的适任性。尤其最后的演练，每个学员都需上台讲半小时，除可互相观摩、评定外，人力资源部也应组织“评分小组”，以验收学员的训练成果。

2. 课程培训老师资格证书

经进修班集训并考核合格后，在理论上已具备培训老师的资格，但事实上，培训老师要去讲什么课程，仍需经过该课程的"试教"。培训老师讲什么课程，取决于训练主管的安排，主管在对培训老师的专长、工作经验及兴趣意向等进行评估后，才决定培训老师准备试讲哪一个班的某一门课程。

"试教"可采用测试的方式，即由人力资源部组织一个考评小组，请被试者上台演练一段（不必讲完整个课程）并加以评定；也可采用实教的方式，让被试者在该培训班的课程上，正式讲授一次，专案小组也参与评分。"试教"通过后，发给该课程的培训老师资格证书。

原则上，每个培训老师讲授一门课程。但如果培训老师人数不够时，也可同时讲授两三门课程，但不宜太多，以免影响本职工作而遭批评。对于经常开设的课程，也可以培养两个以上的培训老师，以备在某培训老师请假、出差或公务繁忙无法上课的情况下，培训不致中断。

3. 培训老师授课费或教材准备费

（1）内部助理培训老师：上班时间每小时30元，非上班时间每小时50元；

（2）内部培训老师：上班时间每小时60元，非上班时间每小时100元；

（3）内部高级培训老师：上班时间每小时80元，非上班时间每小时120元。

4. 自我培育

（1）担任内部培训老师3年以上，对资格晋升教育系统科长级别以上的课程，或储备主管班的课程有相当深入的研究、心得或创见，并撰写过论文、著作或教案30000字以上者，送交人力资源部审查，并申请晋升内部高级培训老师。

（2）因外界环境的改变，公司技术层次的提高或管理知识、技巧的发展等，企业培训体系中各系统现有的课程也应有所增减、修改。内部培训老师在自己的专业工作或知识领域中面对这些变动或冲击，如果能广泛收集信息，充实新知识，结合自己的工作经验用心思考，也许能开发出新的课程，经撰写成论文或教案2万字以上者，送交人力资源部审查，并凭此申请晋升内部高级培训老师。

外部培训老师管理

企业办培训的时候，常为聘请外部培训老师而伤脑筋，了解如何聘请培训老师的途径、技巧、方法，已经成了负责培训人员的重要课题。

目前企业界管理培训的人，常有“名师难求”之苦。企业管理培训的负责人，对于聘请外部培训老师既重视又感到困惑。为此，有人建议企管公司建立培训老师资料库。即使有了培训老师的名册，有时仍有遗珠之感。

比如，资料库的培训老师，质量方面的要求如何？是否还需进一步了解其详细的情况，才可以聘请？或者，要如何聘请到具备现代高新技术知识的培训老师……如此一大堆疑问，不得不使我们要了解下列要领与技巧。

1. 培训老师的类型

通常，培训老师可分成三类：

（1）资讯性；

（2）组织性；

（3）创造性。

所谓资讯性培训老师，就是照本宣科地将有关信息、知识吸收过来，再直接引用讲授出去，有时很可能吸收的已是过时、陈旧的内容，讲出去的更是垃圾信息。

组织性培训老师，会将收集的资讯去伪存真，提炼精华，然后讲授出来。

创造性培训老师，则不仅消化已有的信息，而且可衍生出自己新的点子，让人听课有“见所未见，闻所未闻”的感受。

这三种类型的培训老师，当然以创造性者最值得聘请，其次是组织性，但如何知道哪位培训老师所属类型，就得从培训老师的条件开始甄选。

2. 培训老师的条件

当一名培训老师，通常有两个条件：一是必要条件；二是充分条件。培训老师的必要条件，是指他对于讲授主题的专业知识的整合力及技能运用力。培训老师的充分条件，是指他对于讲授主题的社会经验，人文的概念，整合力及价值观（热心、诚恳与否）。前者属教学内容，后者属教学方法，两者的交集是培训老师个人的特质——创造性、组织性或资讯性。基于这个理念，专业性、技能性等硬性课程的培训老师应以教学方法为取向。

倘若我们的课程是以教学内容为导向时，可聘请组织性培训老师，反之，若课程须以教学方法为导向时，则需聘请创造性的培训老师。

3. 了解渠道

接下来就是要了解每位培训老师的所属类型。常见的渠道有四种。

（1）从杂志的文章中去解析

“读书使人知识广博，辩论使人思想敏锐，写作使人思考细腻。”一个创造性的培训老师，不仅读得多，讲得多，也会写得多。因此，在了解一个培训老师时，如发现他从没写过人际关系的文章，就尽量避免聘请他讲人际关系课程。如何了解一个培训老师在什么报章杂志上发表过文章呢？常见的方法是翻阅与企业管理相关的杂志，或请培训老师寄一些已出版的个人文章作为参考资料。

当然，找到文章后，还要进行分析：是评著还是编著？编者是资讯性、组织性，还是创造性培训老师？

（2）实地听课

主要了解：

①培训老师的学识能力（讲课内容的要点结构）；

②口才表达能力（说话技巧、视线运用、肢体语言等）。考察者可预先做出讲课评估表，借以比较培训老师，再来决定聘请与否。

（3）向同行打听

向同行打听是经常采用的方式。但要注意的是，同行的员工背景是否与自己企业不一样。所谓隔行如隔山，该培训老师对A公司的一套，未必适用B公司。在向同行打听过后，最好的方法还是与培训老师约谈。

（4）与培训老师约谈

通常与培训老师沟通的目的是，结合企业本身训练的课程目标，先做课程方案，然后再来讲授。下面摘录了几个问题，可供你测试培训老师的能力时参考。

①如何测评你讲课的绩效？请解释你最特殊的才能。

②假若你能改动你所拥有的教材资料，其中什么是你最易改变的？

③这些改变出自你的创意，还是参与者共同努力的结果？（若居功自傲者，可能不会是创造性培训老师。）

④教学中你曾遇到过哪些困扰，你如何面对它们？

⑤配合本企业的员工特性，你如何开展教学？

⑥考虑教材与媒体的边际效益，你会如何去利用它们？

⑦我们可以使用怎样的评估方法来评估你的课程效果？

⑧我能提供什么特别的帮助，助你实施教学？

这些问题，不能因为培训老师是“名人”就有所从略，否则企业培训的效果就会大打折扣。

4. 诚恳的外部培训老师值得聘请

除了上述介绍的各种聘请培训老师的方法、技巧外，最重要的是聘请态度诚恳的培训老师，否则，在约谈中或讲课中“吹得”太厉害，也会“吹”散员工对培训的信心。培训界流行这么一句玩笑——“学员受训时激动，受训后不动”，就是对某些培训老师的反映。因此．若能实事求是地去了解课程的目标，然后了解培训老师的能力，必可使企业的培训顺利进行，也可使企业组织的效率，因培训的运用而提升到更高境界。

培训档案管理

培训者均应于每期培训结束后一周内评定出学员的成绩，登记在培训考试成绩单上，连同试卷交人力资源部门作为员工完整的个人培训资料予以保存。

主办单位应在培训结束后填报在职培训总结表，会同在职培训考试成绩表和学员意见调查表，送交人力资源部以存档备查。

各部门应事先填写公司人员在职培训资历表，并每隔半年填写在职培训实施报告书，并上报人力资源部，以便了解部门在职培训实施的情况。

培训记录有两类，一类是“个人培训记录”，另一类是“部门培训记录”。在整个培训过程中，都要保持对过程的记录。

个人培训记录

“个人培训记录”用来记录员工个人已接受的全部培训内容，并分为两份保存，一份由部门经理保存，同时部门培训者也可以查阅；另一份在培训部保存，由部门每月或每半年与“部门月度/年度培训计划表”一起交到培训部，或者每当“个人培训记录表”有新的内容，及时报告培训部修订。

部门培训记录

“部门培训记录”使部门经理及部门培训者，能够随时掌握针对每一工种（如制造品管理员、装配品管理员、储运品管理员、质量管理工程师、质量主管等）已经完成了多少培训。因此，“部门培训记录表”里的内容应坚持不断地修订，以反映最新的培训进展的情况。“部门培训记录表”只保留在部门内部，培训部需要有备份。

培训记录里的“培训内容名称”，除了包括那些全公司、本部门都适用的培训项目，如安全与卫生、着装仪表标准、公司礼貌礼仪、电话沟通技巧等之外，还应包括该工种特别要求的培训，如销售员，除了掌握部门普遍适用的销售技巧、正确的态度之外，对所负责的产品性能、销售范围、客户群等方面的知识也应进行正确的培训。

某一个工种需要培训的具体内容和项目，是对该工作所进行的工序分解和工作分析的结果。同时，如果一个工种需要增加新的任务或工作内容，或者该工种的工作标准或程序发生改变，培训内容也将随之改变。

培训的评估

每期培训结束后，主办部门应让学员填写在职培训学员意见调查表，同考试答卷一并收回，送培训组织者转人力资源部审核，为今后再举办类似培训提供参考。

为评估各部门培训成效，各单位主管应在培训后三个月填写培训效果调查表，由人力资源部汇总，在参考生产及销售绩效的变动、分析评估培训效果之后，写出书面报告，经上报审核后分送各部门及有关人员，为下一次培训提供参考。关于培训评估的具体操作，我们将在下一章作详细讲解。

C H A P T E R 0 8

第八章

用评估提升培训效率

目前，许多企业已经意识到培训的重要性，并在培训上花费了不少的人力和物力。在进行培训之后，还必须用一些方法来衡量培训的效果，这样不但了解培训所带来的改变与成果，还能看到先前培训系统中的缺陷和不足，以便在今后的培训工作中加以改进。

培训评估的意义

一位著名外企总裁曾说："我们没有时间仔细计算我们的培训费用到底花费了多少，也没有时间计算由培训带来的产出有多大，但我们知道，我们产品的产量和质量在本行业中遥遥领先，市场份额在节节上升。"

这一番话道出了培训给企业带来了巨大收益。但并不是所有的企业都能在培训后取得很显著的成效。业内人士认为，造成这一现象的一个重要问题，就是许多企业只关注培训前、培训过程，但忽略了对培训结果的评估，从而导致该花的钱花了，不该花的钱也花了，最终效果却不佳。怎样使培训进一步落到实处？这就依赖于培训评估了。

培训评估的目的

培训的目的是解决、预防工作中的问题，或为即将到来的新任务做准备。培训评估的目的在于：

（1）培训是否起到作用了？无论对培训的组织部门、业务部门经理、投资培训的决策层，都是应该明确回答的问题。否则，就会产生盲目投资的行为，不利于企业的发展，也不利于培训负责人组织的下个项目的立项和审批。

（2）作为培训负责部门应全面掌握并控制培训的质量，对不合格的培训，能够及时找到欠缺之处并进行纠正。同时总结工作中成功的亮点，本着不断改进培训质量的原则，把培训工作越办越好。

（3）对参加者的知识、技能、态度的接受更新能力、综合素质和潜在发展能力进行评估。

培训评估的范围

参与评估的有关部门的学员、经理等，应以对自己、对同事、对教员、对企业负责的态度，正确认识评估的重要性，客观地、实事求是地进行评估。但不一定在所有的培训结束后，都要进行评估。一般认为主要应针对下列情况进行评估：

（1）新开发的课程——着重于培训需求、课程设计、应用效果等方面。

（2）新教员的课程——着重于教学方法、质量等综合能力方面。

（3）新的培训方式——着重于课程组织、教材、课程设计、应用效果等方面。

（4）外部培训公司进行的培训——着重于课程设计、成本核算、应用效果等方面。

（5）出现问题和投诉的培训——针对投诉的问题。

培训在进行评估前应综合考虑的问题

（1）从时间和工作负荷量上，考虑是否值得进行评估？

（2）评估的目的是什么？

（3）重点要对培训的哪些方面进行评估？

（4）谁将主持和参与评估？

（5）如何获得、收集、分析评估的数据和意见？

（6）以什么方式呈报评估结果？

在决定对培训进行评估后，评估工作在培训进行中就可以开始了。这时候采取的方法主要是培训机构的质量控制部门，或有关部门的管理人员参与听课，现场观察学员的反应、培训场所的气氛和培训老师的讲解组织水平。

培训评估的好处

（1）评估能对决策提供所需的信息

如何把培训工作做得更好？是保持、放弃还是扩充培训方案？决策需要高质量和高度可信的信息，评估是提供唯一逻辑根据的良好手段。

（2）管理机构经常要求评估

一旦某个培训方案获得通过，投资方或管理层就会要求了解方案的结果，以确定是否成功。

（3）评估能提供比较和判断的依据

不同的方案可能产生同样的结果，除非加以评估，否则无法知道不同的实践在成绩、态度上取得的相对效果。

（4）从许多评估得到的结果和经验积累，可以判断在特定的环境和条件下何种方案最有效

也许只有一个评估不足以揭示问题的本质，但把若干个评估结果累积起来，就有可能发现其中规律性的东西，从而更好地服务于决策。

（5）对各种建议，评估是最好的回答

创新必须经过检验，各种建议的价值应通过科学的评估方法来作出判断。过于轻率的判断对提出方和接受方都是不利的，特别是从可能引起连锁反应的长远角度来看。

（6）评估是对争论的明智回答

评估所提供的确凿资料，往往能终结一场可能持续不休的争论。

（7）评估促使人们关心有关培训活动的资料

当决策者十分关心培训过程及评价其结果时，那么各方人员也会开始关心这些过程和信息，从侧面促进了对培训的积极性和投入性。

（8）每开展一次评估，都会有更多的人掌握评估技术

评估并不神秘，当越来越多的人通过实践，熟悉了评估的方法，管理者就能有更多的渠道去收集信息，以区别哪些活动是卓有成效的，哪些则是华而不实的。

培训评估的基本程序

要对培训项目的方法和成果作出评估，有三项活动是必须完成的。第一项活动是找出事实根据，亦即收集信息，包括收集培训人员在评估过程中使用的、可以衡量的实际情况；第二项活动是把收集的情况与预定的培训目标和效果进行比较；第三项活动需要评估人员在比较的基础上做出鉴定，并做好反馈。只有当完成了每项活动时，评估才告一段落。

评估本身是一项复杂的系统工程，用于项目评估的模型相当多，诸如目标定向评估模型、决策定向模型、交感评估模型、评估研究模型、抗衡评估模型等，各有其优点和适用范围。但考虑到应用环境的巨大差异性，使用一种不受时间、条件限制的方法，对实际操作者来说是最有意义的。

培训决定评估的目的

评估的基本目的是满足管理者（评估听取人）的需要，而管理者可能会因下列三个目的中的任意一个（也可能是几个的组合）而需要有关的信息和评估：

（1）了解有关方案的情况。

（2）管理者满意地知道方案已确实提供了；如果没有提供，则要让他们明白，用什么来代替这个方案。

（3）就该方案继续还是中止，推广还是限制做出决策。

评估者要事先计划出在这一阶段决定什么必须知道、什么不必要知道，才能使辛辛苦苦得出的评估有效。

为使评估确保客观公正，要事先明确万一发觉本方案不妥时，是寻找另外的备选方案，还是在原来的方案上改进，还是干脆放弃此方案。

目标的最后一项是评估报告的最后截止日期——必须在此日期前完成。

收集并仔细检查介绍方案的书面文件

认真检查是否能够获得以下材料：

（1）专为本次培训撰写的提案；

（2）有关领导对上述提案的批复；

（3）关于本次评估的书面指导方针；

（4）培训方案的目标；

（5）特别申明的目标；

（6）方案设计人员的思想或见解；

（7）各种人员所任的行政工作、决策工作和教学工作；

（8）方案设计人员和工作人员用以介绍方案目的与目标的一览表；

（9）方案设计人员认为可以用来测定方案效果的测验或调查问卷；

（10）方案工作人员写的各种介绍，诸如备忘录、会议纪要、文章等；

（11）本方案的历史介绍，或欲使本方案适用的内外部环境；

（12）外部文献中介绍培训效果的文章；

（13）过去类似方案的评估；

（14）实施计划；

（15）方案实施指令与要求；

（16）编写的课程材料；

（17）允许本方案变化的幅度；

（18）其他重要的材料。

当发现哪些材料对项目有用，就要设法找出来，并复制下来。把有关方案的一般印象、它的来龙去脉和工作人员等方面的意见同时记录下来。

与尽可能多的项目参与人交谈

一旦有了一系列初步印象，就要找出能够提供以下两种信息的人，以检查印象和正在逐步形成的评估计划：

（1）有关如何着手为这个方案收集信息的意见；

（2）关于方案应该是怎么样的和应该做些什么。

能够提供这些信息的人可能是：

（1）写方案的人；

（2）方案负责人；

（3）方案的设计人员和规划人员；

（4）方案工作人员；

（5）曾参与过类似方案评估的人员和顾问；

（6）本项目的课程顾问；

（7）有影响力的员工；

（8）能提供特别帮助的受训人员。

考虑一下与本方案有关的还有哪些人，务必与上面的每个人进行详细的交谈（以小组会或个别形式）。

如果可能的话，请观察正在实施的类似方案。与那些方案的设计人员和工作人员一起去现场走一走、看一看，这将有助于评估人员对亲眼目睹的事物做出反应。同时，还将有助于评估人员对方案该是什么样子，以及方案可能会如何改变这两点有比较透彻的了解。

把所见到和所做的一切仔细地记录下来。

就评估的基本提纲取得一致意见

应就方案的特点和即将开展的评估工作取得一致意见，对评估的确切性的理解不一致，可能会导致以下不利结果：

（1）浪费财力精力——收集的资料对任何人都毫无用处；

（2）失败——评估人感到浪费了时间；

（3）责难——评估发起人感到没有得到所要求或所期望的东西。

可通过与培训策划人员和工作人员就下面的问题进行讨论，以达成共识：

（1）该方案属于什么样的企业目标？

（2）为达到本方案的种种目标，你认为方案的哪些特点最重要？你会不会放弃现在的设计，而采用别的办法实施该方案？

（3）有哪些你喜爱的部分没包括在本方案里面？为什么？

（4）方案中有没有特别费钱、棘手、有争议或难以实施的部分？你是否希望改变或删掉这些部分？为什么？

（5）哪些成就和态度应优先考虑？

（6）你希望培训方案对哪些成就和态度产生最直接和最容易观察到的影响？

（7）何时观察方案最为关键？

（8）应该与之交谈并且进行观察的关键人物是谁？

（9）是否应把方案作为一个整体来评估，还是应该把方案的各个部分分出来单独检查，或者两者同时进行？能否收集并复制方案实施期间保存下来的记录，为评估提供信息？

（10）你们是否愿意出席简短的评估会议和回答有关态度调查呢？

（11）你们能否与评估人员一起帮助收集和共同分享成就信息？

（12）你们是否愿意根据评估者收集到的信息花费时间对方案做些修改？

随时警觉开展评估过程中两点潜在的困难

（1）缺乏改变方案的可能性；

（2）评估者对方案所承担的职责，与对主办人所承担的职责发生矛盾。

为解决第一个困难，评估人员在开始详细审核培训方案之前，应先找出内部环境对改变方案的限制作用，可通过提问下列问题进行：

（1）你最愿意和最不愿意在哪些方面再花额外的钱？

（2）你在哪些方面最乐意削减？例如，你能撤去工作人员吗？假使发现有些方案的组成部分效果不好，你愿意去掉吗？

（3）你是否愿意舍弃现行方案，重新开始？

（4）你将容忍多大限度的改组？你可以改变工作人员的职责吗？

（5）你将容许方案中的教学与课程变化在多大程度上超出现有的状况？你是否愿意剔除、补充或改变方案的目标？

同时，为防止工作人员不愿意与评估人员进行配合，发挥各方的积极性，提高效率，应尽力向设计人员和工作人员解释以下几点：

（1）评估者并不打算写一份判断该方案的终结性报告，也不打算写一份挑毛病的报告；

（2）向设计人员和工作人员说明，他们将有机会审查评估者提交给领导的报告；

（3）评估者愿意对评估工作中提出的问题和活动恪守秘密。

汇集有关人员讨论的结果

当评估结果最终完成后，不应向上一交了事。为使评估的价值最大化，很有必要在有关领导的召集下，召开一次综合碰头会，包括主管领导、设计人员、工作人员、教师代表、学习者代表等人员参加，由评估人员说明评估采用的方法和得到的各项结论。

采用这种公开化的方式，可最大限度地保证评估的公正性，同时把得出的结论反馈给培训的每个参与者，让大家都有吸取经验教训的机会，从而在今后的工作中表现得更出色、更有效。

培训成本分析

在做培训评估时，都应做成本分析，其目的是希望用最少的花费得到最佳的效果。此外，除了学员的知识获得、技能成熟及态度改善这些培训成果外，要想让有关领导重视培训，也必须有一份详尽的成本分析报告。通常，管理层不热衷于培训的主要理由是认为公司为培训的投资回收困难。事实上，公司从培训后的员工边际生产值的增加，可以获得不少实际利益。

培训初期，员工未正式加入生产线，为企业做出的贡献可能较少；相对而言公司要花教学材料费、培训老师费及学员薪资，也是利润减少的原因。但等到一段时间后，员工的工作有了成效，员工和公司都能从培训中得到利益。从中公司也可以了解，投资培训的费用是必要的支出。这类费用通常以下列公式计算：

总费用=培训完成的数目×（人事费+杂费+消耗材料）+仪器和设备

培训完成的数目=学习者×培训特性×练习质量

（培训特性=方式方法对内容比值）

人事费=培训老师费+学员薪水+职员薪水

培训特性的比值是考虑在职培训或培训方法。比方说角色扮演法，在必须学习内容中的在职培训比值为1（在职培训较有培训环境真实感），而在必须学习内容的职外培训的比值应比在职培训高（可暂定1.2）。

培训方法是从各种方法所耗时间来定比值，讲演法一小时若定1，则可能花掉角色扮演法两个小时，用两个小时来完成同样一主题的培训学习，比值可暂定为（1.5），或视实际状况而定。

另外学习者的特性，就是指教育程度、经验，其教育程度越高比值越低，同样，对这项培训越有经验则比值也越低。至于比值的真正数值，有待更进一步的研究，才能找出标准比值。因而目前培训费用的计算，很少考虑学习者的特性和培训特性。

对个人而言，培训成本会在培训执行期间不断增加，达到一定点时呈现稳定，但随即培训费用慢慢减少，到另一点时，就是利润产生点，因随外在因素的变化（如科技进步），个人又必须接受新的培训计划。因而，利润分析也可以从员工边际生产值在培训后的增加情况中显现出来。

实际上，员工实际生产操作带来的利益，是由于培训系统（能力、管理、测绘、教学、发表等）配合培训的执行（完成培训时间、学生动机引起、工作成功率修正等）所产生的。

综合而论，要使培训利润提高，必须要构建良好的培训系统，缩短培训时间，以增加生产力所创造的价值。

培训单位的自我评估

人力资源部或培训单位的人员要想在企业内受到肯定，所提的经费预算不被主管削减的话，就必须在培训的工作上，展现不断改革和创新的思路。一般而言，培训单位不是直接生产单位或营销单位，无法马上衡量出生产效益的提高。但培训单位是企业成长的间接生产单位和营销单位，若生产和营销单位是企业生存的部门，培训单位和研发单位，可以说是发展部门，前者是企业生存的基本条件，后者是企业发展的必需条件。

企业经营者，一般先重视生存条件，而非发展条件，若培训部门未能及时展现发展的重要性，及工作的创新和成长性，长期下去，培训部门就会被削弱。

要强化培训部门的功能，也可以设定标准来作为改善成长的目标。标准的设定可以从两个层面来考虑，一是课程的成长性、平衡性（如技术类和管理类课程兼顾），二是教材开发的成长性。这两个层面的成长指标设定后，应努力去达成。当然，课程增加，教材增加，根据在于量与品质的提升，以及参训人员的增加，以最终体现培训的功效。进一步来说，培训部门可以印发培训部门的评估表，供自己或其他部门评估参考。

评估表以指标设定、计分方式两个层面来提供一个量的分析基础。指标包含五大类：

（1）课程成长；

（2）培训费用；

（3）人员质量；

（4）教材与设施；

（5）培训活动的实施。

CHAPTER 09

第九章

向知名企业学习培训之道

企业进行员工培训，是希望员工通过学习达到提升自己的目的。但对于如何实施有效的培训，企业本身还是需要不断加强这方面的学习。

成功不可以复制，却可以学习。本章所举的几家知名企业，均是行业内的成功代表，希望读者在潜心读完后，有所思索，有所心得。毕竟，他山之石，可以攻玉。

海尔用培训加速企业创新

海尔集团是以生产家用电器为主的国有特大型的企业集团。2002年，海尔实现全球营业额723亿元，海外营业额10亿美元，实现利税39.8亿元。连续8年，海尔年平均增长52%的营业额，实现了高速、稳健成长的梦想。

海尔之所以能够保持高速稳定增长，最主要的取决于两个字：创新。而创新的主体又是人才。正是由于一直贯穿“以人为本”，提高人员素质的培训思路，实事求是地建立了一个能够充分激发员工活力的人才培训机制，使企业的经济搞得有声有色。

价值观念培训是海尔培训工作的核心

海尔培训工作的原则是“干什么学什么，缺什么补什么，急用先学，立竿见影”，这是每个员工在工作中必须首先明确的内容。对于企业文化的培训，除了通过《海尔人》进行大力宣传之外，更重要的是采用员工互动培训。目前，海尔在员工文化培训方面进行了丰富多彩的“画与话”、灯谜、文艺表演、找案例等活动，用员工自己的画、话、人物、案例来诠释海尔理念，从而达成理念上的共识。

“下级素质低不是你的责任，但不能提高下级的素质就是你的责任！”对于集团内各级管理人员，培训下级是其职责范围内必须推进的工作，这就要求每位领导亦即上到集团总裁、下到班组长都必须为提高部下素质而搭建培训平台，提供培训资源，并按期对部下进行培训。

为调动各级人员参与培训的积极性，海尔集团将培训工作与激励紧密结合。每月，海尔大学对各单位培训效果进行动态考核，划分等级，等级升迁与单位负责人的个人月度考核结合在一起，促使单位负责人关心培训，重视培训。

“即”时实战化技能培训是海尔培训的重点与特色

技能培训是海尔培训工作的重点。海尔在进行技能培训时是以实际工作中随时出现的案例（最优事迹或最劣事迹），利用当日班后的时间立即（不再是原来的停下来集中式的培训）在现场进行剖析，并以此为教材来统一人员的动作、观念、技能，然后利用现场看板的形式在区域内进行培训学习，并通过提炼在集团内部的报纸《海尔人》上进行公开发表、讨论，形成共识。员工能从案例中学到分析问题、解决问题的思路及观念，提高员工的技能。

对于管理人员则以日常工作中发生的鲜活案例进行剖析培训，并且将培训的管理考核单变为培训单，利用每月8日的例会、每日的日清会、专业例会等各种形式进行培训。

再提高培训是海尔培训的辅助手段

更新知识培训是我们培训工作的辅助，它包括新技术、新工具、新信息培训，以及学历再提高教育等。目前学历教育已成为知识培训的一种主要形式，通过与一些大专院校联合办学或举办远程教育等已开展起专升本和研究生课程班、研究生学历班等。

与青岛海洋大学举办的第一期研究生班已经结束，38名学员已顺利结业，不久将可获得学历证书；与清华大学进行的专升本、研究生课程班已开设一个学期；与中科大进行的研究生学历班也将进行。

同时，海尔每年还派大批的人员到国外、国内的大专院校进行培训，也派大批的人员到一些著名的培训机构学习。

创新培训贯彻“以人为本”的精神

海尔集团自创业以来一直将培训工作放在重要的位置。集团根据每个人的职业生涯为每个人制定了个性化的培训计划，搭建了个性化发展的空间，提供了充分的培训资源，并且培训与上岗资格相结合。

海尔的人力资源开发思路是“人人是人才”“赛马不相马”。在具体实施上海尔给员工搞了三种职业生涯设计：一种是专门针对管理人员的，一种是针对专业人员的，一种是针对工人的。每一种都有一个升迁的方向，只要是符合升迁条件的即可归入后备人才库，参加下轮的竞争，随之而产生的就是相应的人性化培训。

1. 海豚式升迁

这是海尔培训工作中的一大特色。海豚是海洋中最聪明、最有智慧的动物，它潜下去得越深，则跳得越高。如一个员工进厂以后工作比较好，从班组长提升到分厂厂长，但主要在生产系统。现在让他干一个事业部的部长，那么他对市场系统的经验可能就非常缺乏，就需要到市场上去锻炼。到市场上之后他必须到下边从事最基层的工作，然后从这个最基层岗位再一步步干上来。如果能干，就上岗；如果干不好，则就地免职。

有的已经到达很高的职位，但如果缺乏相应职位的经验，也要派他下去；有的各方面经验都有了，但处事综合协调的能力较低，也要派他到相应部门锻炼。这样对一个干部来说压力可能较大，但也培养锻炼了干部。

2. 届满要轮流

这是海尔培养多技能人才的主要措施之一。一个人长久地干一样工作，久而久之形成了固化的思维方式及知识结构，这在海尔这个以“创新”为核心的企业来说是难以想象的。目前海尔已制定明确的制度，规定了每个岗位最长的工作年限。

3. 实战方式

这也是海尔培养人才的特点之一。海尔集团常务副总裁柴永林，是20世纪80年代中期在企业发展急需人才的时候入厂的。一进厂上岗，在他稚嫩的肩上就压上了重担，从国产化、引进办，后来又到进出口公司任一把手，看得出来他很累，有时工作也上不去，但领导发现，他的潜力还很大，只是缺少了一些知识，需要补课。为此就安排他去补质量管理和生产管理的课，到一线去锻炼（检验处长、分厂厂长岗位），边干边学，拓宽知识面，积累工作经验。

在较短的时间内他成熟了，担起了一个大型企业副总经理的重任。由于业绩突出，1995年又委以重任，接收了一个被兼并的大企业，这个企业的主要症结是：亏损、困难较大、离市场差距较远。他不畏困难，一年后就使这个企业扭亏为盈，只用两年时间就走过了同行业二十年的发展路程，成为同行业的领头雁。

之后，他的肩上又多挑了一个又一个重担，且不停地创造奇迹，被《海尔人》誉为“你给他一块沙漠，他还给你一座花园”的好干部。这样的干部很多很多，目前通过“赛马”制度升迁到副总裁岗位的梁海山、周云杰，也是重压下培养锻炼出来的典型之一。

搭建完善的培训软硬环境

首先，海尔为充分实施全员的培训工作，建立了完善的培训软环境，即培训网络。

在内部，建立了内部培训教师师资网络。首先对所有可以授课的人员进行教师资格认定，认定合格者持证上岗，根据认定等级在全集团内从教，达到师资共享。

同时建立了内部培训管理员网络，以市场链SST流程建立起市场链索酬索赔机制及培训工作考核机制，每月对培训工作进行考评，并与部门负责人及培训管理员工资挂钩，通过激励调动培训网络的灵活性和能动性。

在外部，建立起了可随时调用的师资队伍。目前海尔以青岛海洋大学海尔经贸学院的师资队伍为基本依托，同时与瑞士IMD国际工商管理学院、上海中欧管理学院、清华大学、北京大学、中国科技大学、德国莱茵公司、美国MTI管理咨询公司等国内外二十余家大专院校、咨询机构及国际知名企业近百名专家教授建立起了外部培训网络，在利用国际知名企业丰富的案例和管理经验的同时，又借用此力量，利用这些网络将海尔先进的管理经验编写成案例库，成为MBA教学的案例，也成为海尔内部员工培训的案例，达到了资源共享。

其次，搭建了现代化的培训硬环境。

海尔集团除重视“立即”培训外，更重视对员工的“脱产”培训。在海尔的每个单位，几乎都有一个小型的培训实践中心，员工可以在此完成诸多生产线上的动作，从而为合格上岗进行充分的锻炼。

为培养出国际水平的管理人才，海尔还专门筹资建立了用于内部员工培训的基地——海尔大学。海尔大学坐落在海尔信息产业园南部，占地面积12000平方米，建筑面积4200平方米，分A/B两座。海尔大学目前拥有各类教室12间，可同时容纳500人学习及使用，设有多媒体语音室，可供远程培训的计算机室、国际学术交流室等。

回报社会是海尔培训工作的延伸

一朵鲜花不是红，万朵鲜花红满园。海尔集团除强化对内部员工的培训外，还注重对社会的回报。2000年海尔大学已接受外部委托培训十余起，培训人数超过300人。

同时于1998年投巨资兴建了现代化的科技展馆——海尔科技馆，在这里可以了解到世界家电的发展历史，了解海尔集团作为民族工业的代表走过的艰辛历程，还可以在用现代科技手段营造出的虚拟现实环境下，体验到未来人类的生活。该馆以科普为基本教育方式，带领参观者进入科普教育的新天地。自1999年开业以来已接待海内外宾客及青少年学生达15万人，受益学生10万余人。

“创新、求是、创新”是海尔大学的校训，也是海尔培训工作的实质反映。21世纪的企业是学习型的团队，海尔集团要用创新的思路保持高速跳跃式的稳定增长速度。而保持高速稳定的增长速度，最困难的一条是怎样使人员的素质不断提高。要做强而不仅仅是做大，大只意味着规模，而强则意味着效率。怎样更有效率是海尔追求的目标。为了实现人员素质的不断提高及更强的效率，就必须不断强化员工的培训，充分发挥每个人的潜能及优势。

松下电器的培训秘诀

松下电器的创始人松下幸之助认为，如果只靠一个人的智慧指挥一切，即使一时取得惊人的进展，也肯定会有行不通的一天，因为一个人的能力是有限的。

他一再强调，松下电器公司不是仅仅靠总经理经营，不是仅仅依靠干部经营，也不是仅仅依靠管理监督者经营，而是依靠全体职工的智慧经营。松下幸之助以“集中智慧的全员经营”作为公司的经营方针。

为此，松下电器公司努力培养人才，加强职工的教育训练。公司根据长期人才培养计划，开设各种综合性的、系统的研修、教育讲座。

可以这样说，松下电器公司之所以取得如此巨大的成就，除特定的历史条件和社会环境外，松下幸之助的经营思想的精华——人才思想，奠定了他事业成功的基础。

松下公司的职工教育是从加入公司开始抓起的。凡新招收的职工，都要进行八个月的实习培训，才能分配到工作岗位上。

为了适应事业的发展，松下公司人事部门还规定了下列辅助办法：

第一，自己申请制度。干部工作一段时间后，可以自己主动向人事部门“申请”，要求调动和升迁，经考核合格，也可以提拔使用。

第二，社内招聘制度。在职位有空缺时，人事部门也可以向公司内部招聘适当的人选，不一定非在原来单位中论资排辈依次提拔干部。

第三，社内留学制度。技术人员可以自己申请并经公司批准，到公司内办的学术或教育训练中心去学习专业知识。公司则根据发展需要，优先批准急需专业的人才去学习。

第四，海外留学制度。定期选派技术人员、管理人员到国外学习，除向欧美各国派遣留学生外，也向中国派遣留学生，北京大学、复旦大学都有松下公司派来的留学生。

由于松下公司把人才培养放在首位，有一套培养人、团结人、使用人的办法，所以在松下体制确立以来，培养了一支企业家、专家队伍。事业部长一级干部中，多数是有较高学历的、熟悉企业管理的，不少人会一门或几门外语，经常出国考察，知识面广，年纪较轻，比较精干，而且雄心勃勃，渴望占领世界市场，有在激烈竞争中获胜的志向。这是松下公司能够实现高效率管理的前提。

在如何培养人才上，松下公司有自己独到的见解：

培训注重人格的培养

名刀是由名匠不断锻造而成的；同样，人格培养，也要经过千锤百炼。松下公司认为，造成社会混乱的原因，可能在于忽略了身为社会人所应有的人格锻炼。缺乏应有的人格锻炼，就会在商业道义上产生不良的影响。

注重员工的精神教育和人才培养

对员工精神和常识上的教导，是身为经营者的责任。松下公司力主培养员工的凝聚力和向心力，让员工了解公司的创业动机、传统、使命和目标。

培养员工的专业知识和正确的价值判断

没有足够的专业知识，就不能满足工作上的需要，但如果员工不能正确地判断事物的价值，也就等于乌合之众，无法促进公司乃至社会的繁荣。

不过，培养员工正确的判断能力，不是件简单的事。但凡人，却无法以无误的见解，来判断事物真正的价值。但是只要随时养成判断价值的意识，就会有准确的判断。这样，做事时就能尽量减少失败。

所以，在平常应该多参考别人的意见，和自己的想法做比较，而想出更好的方式，做最妥善的决定。所以，应该鼓励员工不断地努力，相互学习，研究如何才是正确的价值判断。

训练员工的细心

细心体贴，看起来似乎是不足挂齿的小节，其实是非常重要的，往往足以影响大局。因为日新月异的现代世界上，如果人们犯一点差错，就可能招致不可挽回的局面。

培养员工的竞争意识

松下认为，无论政治和商业，都因比较而产生督促自己的力量，一定要有竞争意识，才能彻底地发挥潜力。公司不仅要为当前贸易造就竞争强人，而且要为21世纪培养人才。

重视知识与人才相结合

知识是一种兵器，这种兵器要碰到人才，才能发挥它的威力。松下引用汽车大王亨利·福特说过的一句话："越好的技术员，越不敢活用知识。"说明知识分子往往是弱者，容易陷于自己知识的格局内，缺乏迎战困难，打破陈规的精神，以至于无法成大功、立大业。

松下认为，今日的年轻人，多受过高中、大学的教育，所以有相当的学问和知识。由于现代社会的变迁，分工很细，公司的工作项目也越来越复杂，所以年轻人具备较高程度的学问知识，是十分必要而且是很好的事，但重要的是不要被知识所限制。不要只用头脑考虑，而要决心去做实际的工作，在工作中，充分运用所具备的知识。这样，学问和知识会成为巨大的力量。

松下幸之助告诫刚从学校毕业的年轻人，要十分留心发挥知识的力量，而不要显示知识的弱点。

恶劣环境促使成功

松下强调真正的培养，是培养一个人的人格，知识的传授只是教育的第二意义。他认为现在的教育虽名为教育，但不能算是真正的教育，真正的教育是提高一个人的人性。给成长中的人以知识，是给他们兵器，绝不是教育的本质意义。教育的中心，是以培养一个人的人格为第一，至于知识、技术之类，可说是附属的教育。

一个具有良好人格的人，工作环境条件好，他能自我激励，做到今天胜过昨天，明天胜过今天，即使在恶劣的环境或不景气的情况下，他也能克服困难，承担压力，以积极的态度渡过难关，开辟胜利的新局面。

适才适用，即在适当的位置上，配置适当的人才；人才适用，即通过人格的配置、信任和升迁，调动人才自动、自发工作的精神。

IBM如何培训企业领导人

被称为“蓝色巨人”的IBM公司，其发展与壮大几乎是与培训同步的。美国《世界经理人》杂志在2002年10月发布的一份报告这样评价IBM：当提到在一个企业能广泛发挥领导者的能力时，没有哪家公司比IBM做得更好。

培训领导能力是提高竞争力的关键

企业只有两条道路可供选择：要么投资于领导能力的培养，要么败给那些投资于培训员工领导能力的公司。领导才能是企业成功的关键因素。在21世纪，各公司在人才资源方面所面临的最大任务就是员工领导能力的培养。

在纽约《世界经理人》杂志曾推出的“发展领导才能的最佳公司”的排名中，IBM名列榜首。正是拥有这种各级领导能力的人才，使IBM能够面对不断激烈的竞争，不断变革，大胆转型，成为IT行业的领导型企业。

“发展个人能力来领导IBM的现在和将来，是我们最重要的共同责任。”IBM负责人力资源的高级副总裁说，“IBM在这个首次进行的领导才能评选中获得首位，充分证明了我们的方法是正确的，即给我们所有的员工最大限度的发展空间和贡献个人能力的机会。”

IBM公司看到，如今发展领导能力变得更为重要，其原因在于，整个企业的不同层级都需要创新精神，而不仅限于最高管理层。如今，有力的领导往往被看作组织成长、变革和再生的关键因素。

IBM在中国地区人力资源部总监郭希文女士说，当一个公司具有领导才能的员工比较多时，就会更好地促进公司目标的实现。这些员工同时也是一种向心力，会让其他员工效仿和学习，从而促进整个公司的员工素质的提高。

郭希文提到，领导能力的发展在员工教育过程中主要发挥三大作用。一是发展个体技能，普及企业价值观和战略目标，进行战略性干预，以便在整个企业倡导对话，实施变革。二是在整个管理层中普及组织的目标、价值观和使命。这正成为许多领导能力训练课程的首要目标。通常，这类教育旨在培养经理人，使他们能够胜任更高一层的管理职位，或以此为途径让企业文化变革深入各级管理层。三是领导能力课程越来越多地用于战略干预。例如，培训模式集中于行为学习、任务小组和辅导之下的集体讨论，以便找出能加快重大战略变革的组织提议。

从这个意义上说，领导能力发展的定义已经不断得到拓宽。它不仅指某个经理人的领导能力，而且指整个领导思维方式的发展。

领导者应具备11项素质

早在1995年，IBM就在公司内进行了一次全面的调查研究，力求找出那些具有商业领导特质的人才。结果，IBM认定了11项领导者应该具备的优秀素质：必胜的决心（包括行业洞察力、创新的思考和达到目标的坚持），快速执行的能力（包括团队领导、直言不讳、团队精神和决断力），持续的动能（包括培养组织能力、领导力和工作奉献度），核心特质（对业务的热忱）。

IBM主管人事的副总裁说：“这项工作不是仅仅列出某些人在某个时候能够做某些事情的名单，而是要找出非常有才能的人，让他们知道公司发现了他们，并重视他们的价值，然后为他们提供指导和各种各样的丰富经历，以使他们有能力承担更高的职责。”

郭希文说，一个潜在的管理者必须有自己的特质，形成自己的风格，清楚公司的远景目标，了解公司的企业文化内容。一个领导必须清楚自己充当的角色、发挥的作用；同时还应知道公司对自己的期望，在这些条件下实现工作目标。

从四个方面培养员工的领导能力

1. 从招聘做起

IBM对员工领导能力的培养，十分注重与企业发展战略的结合。其工作重点不仅是对员工问题的应急措施，而是从招聘开始就注重质量，使招聘来的员工符合企业发展战略的需要，让员工充分认同企业价值观、经营理念和企业文化。值得一提的是，IBM对招聘员工的要求，并不仅限于职位的要求，还包括测试人际技能、热爱生活和乐于助人的品德，以及对职业进取方面是否有强烈的紧迫感等。

2. 培训是基础

IBM有着极其出色和完善的员工培训体系，这种体系保证了培养员工领导能力的工作能够落到实处。从对新进员工的培训，到对专业人员的专业培训和管理人才培训，对初级主管和资深专业人员的管理培训，再到针对中级主管和资深专业人员的接班人计划，IBM公司一向致力于员工的学习和成长，由此推动企业的快速发展。

3. 传帮带是绝招

IBM最有名的一件事情就是“接班人计划”，公司里所有重要的职位都有一个接班人计划，未来一年中，可以接任这个工作的是什么人，未来三五年可以接任的人是谁。而接任的人需要一些特殊的培训计划是非常重要的，IBM通过工作的轮调及找一些良师益友使他们得到培养。

良师益友就是公司里的老员工。找老师傅带新人，把老人数十年的功力传承下来。公司用二八的原理挑选未来之星：20%的人被公司挑选出来，人力资源部要根据这些人的发展意愿，为每一个人配导师，而启动了20%，其他的80%的积极性也会慢慢调动起来。

IBM还开设许多管理课程，让大家进行学习，同时这种环境还为大家创造一个互相交流的机会。

4. 靠评估提升领导能力

根据领导才能的模式和定义，评估领导者的实际能力、工作作风和爱好的反馈意见，也有助于领导能力的提升。作为公司持续性发展计划的一部分，IBM每年要依据上面提到的11个能力特征，对潜在领导者和所有的管理人员进行评估。

对于员工领导能力的培养，IBM很重视评估，尤其是自我评估的重要性。员工通过评估，不断修正自己的行为，塑造符合公司要求的风格，成长为具有领导才能的员工。

日立公司的人才培训特色

日立公司的前身是日立制作所，是由日本人小平浪平一手创立的。小平浪平在久原矿业公司的日立矿业修理工厂生产了第一台5马力的发动机。从那时起，日立制作所“利用自主开发的技术，进行电机生产”，在各个领域发展壮大起来，形成了日立企业集团。

日立的人才培养观念

日立公司的经营者认为：企业由人组成，培养人才，开发智能，是企业经营的最重要的课题之一，没有人才的培养，也就没有企业的发展。而当人的知识、能力得到经营者恰当的指导时，便可以依靠自己的努力获得提高和进步。

培养企业内部人才的目的，首先是为了造就优秀的产业人员，在某种意义上也是担负起为社会培养人才的使命，通过企业内部教育，培养高尚的人格以及创造能力、责任感和实践能力。其次可以促使企业内部人员学习和掌握知识的技能，从而保证企业人员顺利地完成业务工作，适应高水平的经营技术革新。

日立公司的人才培养由在岗培训（OJT）、脱产培训（IFF-JT）和自我教育三方面组成。

日立的人才培养体系

根据教育培养对象的不同，日立公司的人才培养主要分为三类。

1. 经营管理人才培训

经营管理人才培训的目的，是增强经营管理人员的组织和经营管理能力，扩展他们的视野。促使年轻一代尽快进入经营管理第一线，培养他们开拓事业和创业的精神。

经营管理人才的脱产培训，主要在日立综合研修所进行，该所共有四个培训中心。培训根据不同的层次分别进行。主要有：

·事业部总责任人（厂长）培训。每年两次，每次16人，时间为3天。培训内容为国内外形势、经营思想。培训方式以讨论为主。

·事业所副所长（副厂长）培训。每年两次，每次20人，时间为10天。培训内容为各种管理技术。培训方式为白天上课，晚上讨论。

·部长培训。每年9次，每次16人，时间为11天。培训内容为经济动向、文化素养。培训方式为白天一半时间用来上课，一半时间用来讨论，晚上个人研究和小组讨论。另有部分特别培训，以专项业务为主。

·副总工程师、主管研究员培训。每年1次，每次16人，时间为12天。培训内容为经济和技术动向、管理技术、文化素养。

·课长、主任工程师培训。每年44次，每次20人，时间为5天。

此外，日立公司还与外单位合作进行各种联合培训。

2. 专业技术人员培训

专业技术人员培训的目的：一是促使专业技术人员了解企业传统产品和新产品方面的知识，以及技术方面的基础知识。二是培养专业技术人员的商品企划能力、开发能力、生产技术能力、销售企划能力等，扩展视野，提高综合思维能力。三是促使专业技术人员学习尖端技术，如极限技术、跨学科技术和系统技术等新领域，以避免产品落伍，失去机遇。

日立所属的各事业部或工厂，都定期举办以本单位专业技术人员为对象的技术培训或讲座，全公司规模的专业技术人员培训主要由日立技术研修所、日立茨城工业科学院，以及日立京滨工业专科学院举办。培训内容也因培训对象的层次不同而不同，新进公司的人员（进修员）所接受的是基础知识和技术的培训，主要课程为进修员教育、基础技术专门讲座，及各事业所专门技术讲座。

骨干技术人员培训的是第一线技术人员、研究人员所需要的技术，主要课程有基础技术专门讲座、各事业所专门讲座、综合基础、技术进修、高新技术专业、技术进修、讲演会、研究会、学习会、轮流讲读会、研究论文发表会和海外留学等。

面向管理者的培训内容是技术革命管理，主要课程有讲演会、研究论文发表会、高技术专业技术进修、管理人员技术进修。

3. 生产技能培训

生产技能培训以日立所属各工厂的现场技术人员为对象，由日立生产技能研修所举办，包括管理类培训和技能类培训。管理类培训的对象为骨干技师、监督者、作业主任和专职人员（监督员、执行员、企划员和技术员），培训的主要内容为管理、监督者研修、管理技法、人际关系和新技术、系统等。

技能类培训主要是为了提高工程技巧，取得国家或行业资格。培训分为高级（高水平）、执行员、技师、企划员和技术员。培训的主要内容为技能专门研修（以骨干技师为对象，分为高级和中级培训）、机械加工、电气电子、自动机器、机器控制、办公自动化、半导体制造和焊接。

4. 国际化教育和语言培训

国际化教育和语言培训由日立公司的国际研修中心举办，中心总部在东京，国际化教育在这里进行，中心还有设在茨县的茨城外国语研修所和设在京滨的外国语研修所，外国语言培训在两个研修所进行。

国际教育有一种是以从事国际商务有关工作的人为对象，主要有国际贸易、国际谈判、海外管理、亚洲业务管理、海外活动与法律等课程。另一种是以派驻海外的人为对象，主要有海外派遣、美国情况、中国情况、亚洲情况、欧洲情况和派遣者夫人海外生活培训等课程。

国际化教育和语言培训主要是为了提高职员的外语水平，掌握沟通技巧和商务交谈方法，提高日立公司职员的国际化意识。

日立人才培训的特点

1. 日立公司经营策略随着经济环境的变化而不断调整，而日立公司的人才培训也是为适应经营环境的要求而开展的

经营资源是指“人”“财”“物”，到了现代，又包括“信息”，这些资源中最重要的当然是“人”的因素。日立公司人才培训的课程，是随着经营战略的变换而逐步丰富和完善的。比如，近年由于信息产业的发展，日立的经营也向这方面倾斜。在人才培养方面，无论是经营管理人才培训，还是专业技术人员培训，或是生产技能培训，都增设了办公自动化、软件等信息方面的课程。

另外，由于日立的经营向全球化发展，所以国际教育成为日立公司人才培养的一个重要组成部分。随着日立着手开拓中国市场，所以在人才培养中增设了汉语课程；由于知识产权问题受到关注，所以开设了知识产权的有关课程。从培养对象来看，日立公司还注意到韩国等亚洲经济腾飞的国家重视年轻人培养的经验，根据日本年轻人个性化、价值观念多样化的倾向，正努力下功夫培养跨世纪人才，以增强企业的国际竞争力。

2. 日立公司重视自主性的集团企业经营，日立的人才培养也由各个独立的培训机构承担，既有自主，又有协作，形成了一整套别具特色的人才培训系统

日立公司采用集团制，由四个集团组成，各集团按利润中心制进行管理，自主独立、自主发展，子公司既属于集团，又对母公司的依存度较低，保持了企业的活力。虽然日立公司的人才培训工作由总公司统一部署，统一指挥，但人才培训的实施工作则根据不同的类别、不同的层次，由不同的培训机构分担。

如经营管理人才培训主要由日立综合研修所举办；专业技术人员培训主要由日立技术研修所、日立茨城工业专科学院，以及日立京滨工业专科学院举办；生产技能培训主要由日立生产技能研修所举办。这些培训机构既自主努力，又共同合作，形成一套完善的人才培养体系，为确保日立公司人才培养，提高劳动生产率发挥了不可忽视的作用。

3. 日立公司在经营中非常重视研究开发，在人才培养方面也自始至终地贯彻了这一经营思想，专业技术人员的智能开发和能力培养备受重视

日立经营活动的特色之一就是进行广泛而深入的研究开发，研究开发的投入巨大，使日立公司因此获得举世瞩目的发展。

日立公司研究开发的主体，是一支庞大的专业技术人员队伍。如何培养和使用这些人才，是日立公司的一个重要课题。

日立公司在对国内外人才进行充分研究之后，发现了工程师的独创能力，只要"让他做他想干的事"，就会有很大的提高。所以日立公司为专业技术人员安排工作的方针是，按照本人的意愿，做想做的工作，去想去的地方，从录用专业技术人员的那天起，就"爱惜每个人，想办法培养、开发智能"。

日立公司通过研究，了解到"人有了目标，就有了精神"。所以，在专业技术人员的培训中，强调让他们了解公司的使命、经营方针以及各种制度，认识到个人的责任，自主自立，自我提高。鼓励专业技术人员根据经营环境的变化，主动学习，更新知识，启发思想。同时，对研究开发人员的学习和工作成绩及时给予评价。

由于专业技术人员的培养受到重视，日立公司形成了他们引以为豪的企业传统和专业技术人员精神，从某种意义上说，这也是日立公司的一种企业文化。

西门子公司的人才培训

高质量的产品、完善的售后服务、不断创业和创新，以及高效的人才培训，被认为是成就西门子一百五十多年辉煌的关键。

在人才培训方面，西门子创造了独具特色的培训体系。西门子的人才培训计划，是从新员工培训、大学精英培训到员工培训，涵盖了业务技能、交流能力和管理能力的培训，为公司新员工具有较高的业务能力，储备大量的生产、技术和管理人才，员工知识、技能、管理能力的不断更新和提高提供了保证，因此西门子长年保持着公司员工的高素质，这是西门子强大竞争力的来源之一。

新员工培训

新员工培训又称第一职业培训。在德国，一般从15岁到20岁的年轻人，如果中学毕业后没有进入大学，要想工作，必须先在企业接受3年左右的第一职业培训。在第一职业培训期间，学生要接受双轨制教育，一周工作5天，其中3天在企业接受工作培训，另外2天在职业学校学习知识。

这样，学生不仅可以在工厂学到基本熟练的技巧和技术，而且可以在职业学校受到相关基础知识教育。通过接近真刀实枪的作业，他们的职业能力及操作能力都会得到提高。由于企业内部的培训设施基本上使用的是技术最先进的培训设施，保证了第一职业培训的高水平，因此第一职业教育证书在德国经济界享有很高的声誉。由于第一职业培训理论与实践结合，为年轻人进入企业提供了有效的保障，也深受年轻人欢迎。

早在1992年西门子就拨专款设立了专门用于培训工人的“学徒基金”。现在公司在全球拥有六十多个培训场所，如在公司总部慕尼黑设有韦尔纳·冯·西门子学院，在爱尔兰设有技术助理学院，它们都配备了最先进的设备。

第一职业培训（新员工培训）保证了员工正式进入公司后，就具有很高的技术水平和职业素养，为企业的长期发展奠定了坚实的基础。

大学精英培训

西门子计划每年在全球接收3000名左右的大学生，为了利用这些宝贵的人才，西门子也制定了专门的计划。

西门子注意加强与大学生的沟通，增强对大学生的吸引力。公司同各国高校建立了密切联系，为学生和老师安排活动，并无偿提供实习场所和教学场所，举办报告会等。

进入西门子的大学毕业生，首先要接受综合考核，考核内容既包括专业知识，也包括实际工作能力和团队精神，公司根据考核的结果安排适当的工作岗位。此外，西门子还从大学生中选出30名尖子进行专门培训，培养他们的领导能力，培训时间为10个月，分三个阶段进行。第一阶段，让他们全面熟悉企业的情况，学会从因特网上获取信息；第二阶段，让他们进入一些商务领域工作，全面熟悉本企业的产品，并加强他们的团队精神；第三阶段，将他们安排到下属企业（包括境外企业）承担具体工作，在实际工作中获取实践经验和知识技能。

大学精英培训计划为西门子储备了大量管理人员。

员工在职培训

西门子公司认为，在世界性的竞争日益激烈的市场上，在革新、颇具灵活性和长期性的商务活动中，人是最主要的力量，知识和技术必须不断更新、换代，才能跟上商业环境以及新兴技术的发展步伐，所以公司正在努力走上一个“学习型企业”之路。

为此，西门子特别重视员工的在职培训，在公司每年投入的培训费中，有60%用于员工在职培训。西门子员工的在职培训和进修主要有两种形式，即西门子管理教程和在职员工培训计划，其中管理教程培训尤为独特和有效。

西门子员工管理教程分五个级别，各级培训分别以前一级别的培训为基础，从第五级别到第一级别所获技能依次提高，具体培训内容大致如下：

（1）第五级别：管理理论教程

·培训对象：具有管理潜能的员工。

·培训目的：提高参与者的自我管理能力和团队建设能力。

·培训内容：西门子企业文化、自我管理能力、个人发展计划、项目管理、了解及满足客户需求的团队协调技能。

·培训日程：与工作同步的一年培训；分别为为期3天的两次研讨会和一次开课讨论会。

（2）第四级别：基础管理教程

·培训对象：具有较高潜能的初级管理人员。

·培训目的：让参与者准备好进行初级管理工作。

·培训内容：综合项目的完成、质量及生产效率管理、财务管理、流程管理、组织建设及团队行为、有效的交流和网络化。

·培训日程：与工作同步的一年培训；为期5天的研讨会两次和为期两天的开课讨论会一次。

（3）第三级别：高级管理教程

·培训对象：负责核心流程或多项职能的管理人。

·培训目的：开发参与者的企业家潜能。.

·培训内容：公司管理方法、业务拓展及市场发展策略、技术革新管理、西门子全球机构、多元文化间的交流、改革管理、企业家行为及责任感。

·培训日程：一年半与工作同步的培训；为期5天的研讨会两次。

（4）第二级别：总体管理教程

·培训对象：必须具备管理业务或项目并对其业绩全权负责者；负责全球性、地区性的服务者；至少负责两个职能部门者；在某些产品、服务方面是全球性、地区性业务的管理人员。

·培训目的：塑造领导能力。

·培训内容：企业价值、前景与公司业绩之间的相互关系、高级战略管理技术、知识管理、识别全球趋势、调整公司业务、管理全球性合作。

· 培训日程：与工作同步的培训两年；每次为期6天的研讨会两次。

（5）第一级别：西门子执行教程

· 培训对象：已经或者有可能担任重要职位的管理人员。

· 培训目的：提高领导能力。

· 培训内容：根据参与者的情况特别安排。

· 培训日程：根据需要灵活掌握。

培训内容根据管理学知识和西门子公司业务的需要而制定，随着二者的发展变化，培训内容需要不断更新。

通过参加西门子管理教程培训，公司中正在从事管理工作的员工或有管理潜能的员工，均得到了学习管理知识和参加管理实践的绝好机会。这些教程提高了参与者管理自己和他人的能力，使他们从跨职能部门交流和跨国知识交换中受益，在公司员工间建立了密切的内部网络联系，增强了企业和员工的竞争力，达到了开发员工管理潜能、培养公司管理人才的目的。

CHAPTER 10

第十章

企业推行培训的难点及解决方法

孙子兵法云："知己知彼，百战不殆。"虽然管理者已掌握了和培训有关的知识及步骤，但在实践的过程中，仍会有不少阻力及困难出现，影响管理者计划的推行。从其他企业的推行经验中，可以总结出几个主要困难，它们分别来自企业本身，管理者的态度，员工的情况，以及管理系统之间的协调。若管理者在实施计划前已预计到困难，他便可先行想出应付的方法，即便有未能预知的困难出现，管理者也早有心理准备，不致措手不及。

下面让我们来分析与讨论管理人员在企业中推行员工培训时的难点及解决方法。

不把培养人才当成企业的目标

有些企业开宗明义表示，经营业务的主要目的在于赚取利润，只要有利可图，它们便会投资；若经营环境一旦转变，它们便会立即做出相应变化，如裁减员工、缩小投资规模、变卖厂房设备，将公司转卖甚至结束营业。这些企业目光短浅，追求短线赢利，遇上任何风吹草动，不是努力坚持，等待时机大干一番，而是尽早撤退，再四处寻求赚钱机会，心态类似赌博捞一把就走。

这类企业中管理者及员工会发现，公司并不在意企业的长远发展，也不愿意在人才发展工作上投资，因为经营者担心，这些不能用来变卖的东西，到头来会拖累整个企业。因此，企业不主张管理者花时间培训员工，而只是尽一切办法去推销产品，建立客户网络，以及生产货品。

应该向企业经营者说明及证实一件重要事情，培训系统是企业的无形资产，是可以转移的。如果企业建立了较完善的培训系统，必要时经营者可以将这个系统从一个企业移植到另一个企业，中间的转移过程只需少量的工作。

在前面的章节中，我们介绍了在职培训系统的几个组成部分，即投入，处理过程，产出和反馈。虽然不同的工作岗位需要特定的投入因素，产出不同的学习成果；但处理过程及反馈两方面，都会有不少类似的地方，是不需要经常改变的。只要管理者熟悉了培训系统的运作，他便可以有效地应用在不同岗位的员工身上，无须每次都开动脑筋，重新为一家新企业设计一个新的培训系统。

当企业经营者一旦明白了管理系统是可以转移使用的道理后，他们对培训工作的态度便会如对待机器设备一样，视之为有价值的投资。此外，企业经营者在出售企业时，若买家知道这家公司有完善的管理系统，他做决定时必会更有信心，交易时的价码自然可以相应提高。

另外，有些企业虽然着眼长远商业利益，但也不重视员工的培训工作，因为经营者认为人才可以从市场中搜寻而来，只要肯花钱，企业便无须担心人才不足问题。因此，它们认为在职培训不会带来什么直接效益，不做也不会构成什么影响。这样，管理者也难以有效地推行在职培训。

无论企业选择由自己培养人才，还是在市场上招聘人才，其中有一点是相同的，即新加入者越早适应工作，对企业及员工越有利。新来者在加入企业后，他必定有一个学习期，他可以从别人那里学习，也可以从培训系统中学习。越是有经验的新加入者，应该越懂得运用培训系统中的投入因素，如工作分析表、产品说明书、服务守则等等。若企业没有准备好这一切，新人的学习及适应期定会延长，并影响企业及员工的表现。

此外，在新旧人才交替之际，管理者也要安排员工暂时顶替离职者的工作岗位。如果管理者及培训老师无法及时安排在职培训，除非企业让管理者预先培养了后备人才，否则企业交替时期便会出现人手不足及青黄不接的问题，以至直接影响企业的正常运转。

总之，那些不将培养人才放在营运目标内的企业，应充分认识不重视员工培训的危害并努力去做好培训工作，尽快建立有效的培训系统。

在培训过程中员工变动频繁

培训能否取得预期成效，员工本身也是一个主要因素。由于企业员工经常变动，培训部门干脆选择先行观察一段时间，不愿意对员工进行培训，让他们在岗位待上一段日子，愿意留下来的才加以培训，短期离开的则不加理会。

这样，不少原来对工作和企业有兴趣的员工，感到没有什么可学，产生了负面的工作情绪，继而失望地离开。于是，一个恶性循环便形成了，培训部门担心花了时间，不立即培训新人；而新人得不到培训，工作得不顺利、不开心，也加快他离开企业，使企业内人力资源出现的危机愈演愈烈。

培训部门人员在弄清楚员工的意向后才做培训工作是无可厚非的，但从企业管理者的角度衡量，这是不当的做法。若要有效地解决员工变动频繁问题，培训部门要从三方面入手：第一要注意招聘的程序和方法；第二要谨慎地做好薪酬管理；第三要办好绩效评估工作。

这三方面均非培训部门可以直接处理的，必须由企业高层带动。因此培训部门只需全心全意培训员工，指导及参与日常工作，他们需要留意但不用担心员工能否留下来，只要他们留一天，培训部门便培训及使用他们一天，否则便是不尽责任。

管理者不能只顾促进业务发展，还要经常留意人力市场在质和量两方面的变化。管理者必须搜集资料，分析员工流失的情况，分析研究哪个工作岗位、部门、职级、年龄段及专业的流失情况较为突出，研究背后的原因，然后改善招聘、薪酬及表现考评等有关的情况。

总之，员工变动频繁对培训有重大影响，培训部门也因此而不大乐意在早期积极进行培训工作，但这样会形成恶性循环，加剧员工的流失情况。企业管理者必须从宏观人事管理入手，通过资料搜集和分析，全面了解构成员工流失的原因，制定和改善人事管理政策和制度，然后全心投入培训工作，为企业培养及使用好人才做出贡献。

工作内容变动频繁

在日常工作中，除了员工变动频繁之外，工作内容也时有变动，给培训部门在执行在职培训时造成困难。由于现代企业之间的竞争激烈，科技进步一日千里，产品种类推陈出新，服务范围也日新月异，使管理者要不断提高应变的能力，才能应付市场及客户的需要。因此，管理者要经常调动员工或增减员工的工作内容，来作为应变的一个手段。这样，培训部门便要经常加以配合，修改培训的内容及过程，来促进员工学习新的工作技能。

正因为企业为了应变，而不停地调整员工的工作内容，才足以看出培训的重要性和必要性。因为传统的课程需要一段时间才能修改，就算改变了也未必适合班上所有学员的需求。培训则有所不同，学员可按各自的情况，增加或减少培训的内容；只要符合培训系统的要求，采用正确的过程，培训人员无须征求别人的同意，充分反映出这种方法的灵活性。

但对于培训人员而言，工作内容变动频繁加大了他们的工作压力，因他们要不断地更改工作分析表及工序分拆表，并花时间去准备培训教具。那些负责任的培训人员，他们必定尽全力去做调整，来配合员工工作的改变。

为了普遍地提高培训人员对培训的责任感及兴趣，管理者应该将培训人员组成小组，形成互相支援的网络，而不是让培训教师独自面对所有问题。这些培训人员互助小组，由3～5名培训人员组成，他们来自有关的部门，下属员工要做相似的工作。若一个工作岗位的工作内容变动，其他工作岗位可能或多或少受到影响，支援小组成员可以互相交换资料。

此外，有不少工作是由一个部门转移到另一个部门，而不是一些新的工作。互助小组成员可以通过网络互通信息，有关的培训人员只要将在职培训材料转移，无须重新预备。就算工作内容略有调整，培训人员也无须从头做起，可节省大量时间和精力。这个交换过程亦省掉企业不少资源，加强了企业的竞争能力。

管理者要注意一点，他们不能期望培训人员自发地组织互助小组，而是要通过管理者安排，将合适的人放在一起，并且要求他们定时沟通，向上级报告特殊情况。最理想的情况是组员轮流担任组长，负责统筹互助小组的沟通及汇报工作，彼此分担工作，避免个人长期承受较沉重的工作压力。

有些十分重视培训的企业，由培训部或人力资源部统筹及监控培训的责任，并由培训管理人员同时安排培训课程及培训。这个做法的最大优点，是有专人检查整个企业的在职培训情况，一旦有问题出现，会有人主动研究及提出解决方法。

但也容易引起一个问题，就是有些培训管理者，倾向外请各科的培训教师为员工开办越来越多的课程。繁忙的培训人员不会反对这个做法，但在职培训的作用会逐渐消失，慢慢地使整个培训系统失去原定的意义。

总之，管理者要协助培训人员进行培训，为他们组成互助小组，及监控整个过程。

管理系统不协调

在前述章节中，我们介绍了建立培训系统的方法，其中包括怎样分辨一个系统的投入、处理过程、产出和反馈四个部分。此外，一个开放式系统是受其他系统影响的，其投入与产出会与其他系统的产出与投入相连接，形成一个环环相扣的企业管理网络。在一个企业里，整体的管理系统中包括很多个互相关联的子系统，子系统中还有分支系统。若其中一个系统出现问题，其他与它相连的系统也必定或多或少受到牵连，影响其运作。

与培训系统相连的主要系统包括下列几个：

（1）招聘系统；

（2）表现考评系统；

（3）业务发展系统；

（4）服务系统；

（5）培训系统；

在企业环境之内，系统之间的关系错综复杂，没有一个系统可以完全独立运作。举个例子，招聘系统会为企业聘用新人，这是招聘系统的产出；新人会进入培训系统的投入部分，参与入职培训，学习基本的企业知识及工作技巧，然后又进入企业的服务系统，一段时间后，又进入培训系统。培训系统会不停地产出有足够工作能力的员工，再进入服务系统及业务发展系统，然后全部的表现产出都进入表现考评系统，以及培训系统。

企业管理的系统观念有助我们了解企业的复杂性，因此管理者在做决策时要十分谨慎，不要以为错误决策只影响自己的工作，其实对整个企业都有影响，万事均不能掉以轻心。

管理者在推行培训时，必须确保培训系统运作顺畅，培训成效才能得到保证。但是，系统之间有时会出现不协调现象，从而影响了培训人员的在职培训工作。很多时候，企业在聘用新人后，让他接受了基本培训，然后安排他加入一个部门工作。于是培训人员接手进行培训，但立即发现这名新人不符合一些入职要求，如不懂中文打字技巧。

培训人员本以为可以立即对新人进行一些文书处理工作的培训，但由于人事部忽略了这个部门的要求，送来了不合适的人，培训人员的培训计划便顿时落空，为了弥补他要花较多的时间及精力在新人身上。这样一来，这个部门的服务产出便会减少。那么，管理者应该怎样做才能避免系统与系统之间出现不协调的情况呢?

管理者若要理顺各系统之间的关系，主要有两项工作：第一，管理者要经常注意多系统的反馈部分，看看每个系统是否能达到原先设定的目标；第二，部门之间要建立沟通途径，让管理者交流各自部门的投入与产出的资料，作为互相监察及示警的工具。管理者尽早发现系统之间的不协调情况，便可以尽早寻求问题的成因，然后对症下药找出解决方法。

信息反馈部分是系统的灵魂，也是出现问题的警报器，可为管理者提供症状，来诊断系统的问题。以在职培训系统为例，新员工的“上手”时间，是一个十分有效的反馈指标，若这个指标突然上升，即近期新人花了较多时间去熟悉工作，管理者便要详细看看整个系统的三个因素，研究是否系统本身出现问题，还是受其他系统影响，以致影响了在职培训的成效。

总之，管理者要经常建立和维持各个管理系统，因为各个系统是互相关联的，不能独立运作。若要在职培训系统有效发挥作用，管理者必须加强了解其他部门的投入产出，以及留意系统中的反馈指标，看看何时出现不正常情况，由此诊断出系统之间不协调之处，然后分析出问题，找出原因，这样才能解决问题。

企业业务繁忙

不少企业业务繁忙，长期人手不足，管理者无暇统筹培训工作，致使企业内出现各自为政的局面，有些部门管理者较重视培养人才，便会花多一点时间和资源在培训工作上；另一些部门则可能完全相反，将培养人才工作置于脑后，或将责任完全推卸给人事部和培训部。

企业内各部门各自为政，彼此采用不同的在职培训过程，在短期内看来不会出现问题，但长远来看，这个情况会引发上述几个培训时的困难，因此特别值得注意。若管理者各自为政，企业内管理系统出现不协调现象便不足为奇，部门之间的培训人员也不会组成互助小组，培训工作亦不会逐渐全由培训部负责，培训的效果也不会在企业内体现出来。

在企业业务繁忙时，管理者是最盲目的。首先，工作量大令他难以抽身客观地评估企业的情况；其次，不少管理者有一个错觉，他们以为业务进展理想，等同于企业的管理状况同样理想。

其实，当业务蓬勃发展时，企业内大部分人的注意力都集中在了如何加强生产及提供服务，对其他问题会拖延处理，甚至视而不见，主管也尽可能体谅而不敢严格要求改善。因此，在一段时间过后，管理问题便堆积起来，到头来大有可能演变成棘手问题，员工素质问题就是属于这类问题中的一个。

管理者必须牢记，人力资源问题是21世纪企业面对的一个重大难题，而在职培训可以协助企业解决问题。管理者要尽可能在管理会议中讨论这个议程，争取在员工表现业绩中加上在职培训一项，使之成为硬指标，并在企业的经营目标中加入提高员工水平、为培训人员安排培训技巧训练、授权下属建立培训系统、允许培训人员花时间培训新人的内容。最重要的是，管理者若以身作则带动培训，亲身培训直接的下属员工，可使整个企业的培训气氛活跃起来。

管理者可以做下列工作，来促进企业在业务繁忙时推行培训。

（1）在企业会议中讨论在职培训工作；

（2）在培训管理人员表现考评中加入在职培训项目；

（3）在企业经营目标中加入提高员工水平为其中的一个目标；

（4）为培训人员安排在职培训技巧训练；

（5）建立在职培训系统；

（6）与培训人员一起亲自培训下属。

事实上，在推行在职培训的过程中，以上几大难题必然会出现。然而，管理者只要作好充分的心理准备，拥有良好的计划，谨慎地执行工作，以及认真地检讨成效，以上的困难都是可以圆满解决的。

图书在版编目(CIP)数据

企业员工培训手册 ：成为不可替代的员工 / 王晓刚编著. -- 北京 ：中华工商联合出版社，2020.11

ISBN 978-7-5158-2921-0

Ⅰ. ①企… Ⅱ. ①王… Ⅲ. ①企业管理-职工培训 Ⅳ. ①F272.921

中国版本图书馆CIP数据核字（2020）第 227018 号

企业员工培训手册：成为不可替代的员工

编　　著： 王晓刚
出 品 人： 李　梁
责任编辑： 李　瑛
封面设计： 冬　凡
责任审读： 郭敬梅
责任印制： 迈致红
出版发行： 中华工商联合出版社有限责任公司
印　　刷： 三河市燕春印务有限公司
版　　次： 2021 年 10 月第 1 版
印　　次： 2022 年 4 月第 2 次印刷
开　　本： 710mm × 1020mm　1/16
字　　数： 146 千字
印　　张： 12
书　　号： ISBN 978-7-5158-2921-0
定　　价： 38.00 元

服务热线： 010 — 58301130 — 0（前台）
销售热线： 010 — 58302977（网店部）
010 — 58302166（门店部）
010 — 58302837（馆配部、新媒体部）
010 — 58302813（团购部）
地址邮编： 北京市西城区西环广场 A 座
19 — 20 层，100044
http://www.chgslcbs.cn
投稿热线： 010 — 58302907（总编室）
投稿邮箱： 1621239583@qq.com

凡本社图书出现印装质量问题，请与印务部联系。
联系电话：010—58302915